blvgartenplus

WALTER SCHIMANA

Wasser-pflanzen

Die schönsten Arten
Auswählen, Kombinieren und Pflegen

blv

Inhalt

Ein eigener Wassergarten

Zu immer mehr Gärten gehört heute ein kleiner oder größerer Teich. Doch die wenigsten »Wassergärtner« wissen, wie ungeheuer vielfältig die Auswahl an Pflanzen ist, mit denen sie ihre Wasserfläche begrünen können. Von den herrlichen Blütenformen und -farben ganz zu schweigen ...

Wasser in Natur und Garten

Wasser als natürliches Element ist für alles Leben unentbehrlich. Menschen, Tiere und Pflanzen benötigen es, um zu leben.
Es ist das wichtigste Nahrungsmittel.
In der Natur finden wir Wasser als Quellen, Bäche, Flüsse und Seen. Die Pflanzen der Uferzonen lieferten den Menschen schon in Urzeiten Flechtmaterial für Matten und Körbe sowie Schilf zum Eindecken der Dächer ihrer Hütten. Das Wasser der Seen und Flüsse lieferte darüber hinaus auch noch Nahrung in Form von Fischen und Krebsen. Später wurde es in seiner fließenden Form oder angestaut als Energiespender genutzt. Künstlich gefasst in Teichen, diente es schon früh der Fischzucht.
Mit der kulturellen Entwicklung im Mittelalter hielt das Wasser zusätzlich Einzug in die Gärten und Parks – in Form von Brunnen und Wasserfällen oder als große, künstliche Seen zu Repräsentationszwecken. Ab Mitte des 19. Jahrhunderts wurden diese Parkseen mit Seerosen verschönt, und am Ende des Jahrhunderts begann in Frankreich die Züchtung von neuen Seerosen-Sorten.

Gartenteiche und Feuchtbiotope

Im Kleinen, im Hausgarten, wurde der Gartenteich erst mit der Entwicklung der Kunststoffe zum Allgemeingut. Heute erfüllt er hier neben den ästhetischen Ansprüchen auch noch die für den Menschen so wichtige Aufgabe der spielerischen Beschäftigung mit dem Wasser, ermöglicht das Beobachten des tierischen und pflanzlichen

◀ Mit Sumpf-Vergissmeinnicht, Tannenwedel, Froschlöffel und Wiesen-Iris im Hintergrund entwickeln sich sehr schnell gut bewachsene Uferzonen.

Dieser Teich an einer Terrasse bietet durch die Trittsteine vor der Uferzone eine weitere Möglichkeit, den Teich mit seiner Uferbepflanzung zu erleben und zu pflegen.

Fertigteiche aus Kunststoffen eignen sich besonders für den kleineren Garten und lassen sich dennoch sehr abwechslungsreich bepflanzen.

Lebens und das Erleben der Jahreszeiten. Er trägt dadurch erheblich zur Verbesserung der Lebensqualität bei. Darüber hinaus kann oder sollte der Gartenteich auch unter ökologischen Aspekten gesehen werden, denn durch ihn verbessern wir das Kleinklima im Garten und bieten Insekten, Vögeln und Kleintieren die nötige Wasserversorgung.

Der Fertigteich

Schon bevor es Folien gab, die zum Teichbau verwendet werden konnten, wurden um 1960 die ersten Fertigteiche hergestellt. Den Anfang machten Fertigbecken aus Eternit oder Beton, die extrem schwer waren und kaum von einem Menschen bewegt werden konnten. Mit dem Aufkommen der Kunststoffe wurden die Becken leichter und damit auch größer. Während anfangs noch das wenig umweltfreundliche und sehr schnell brüchig werdende PVC als Material dominierte, ist inzwischen der umweltfreundliche Fertigteich aus dem leichteren und gleichzeitig haltbareren Polyethylen (PE) oder dem festeren und schwereren glasfaserverstärkten Kunstharz (GFK) die deutlich langlebigere und bessere Lösung, die sich besonders für kleinere Gärten eignet.
Diese Fertigbecken haben meist eine schmalere, flache Uferzone, eine breitere Pflanzstufe auf etwa 30 bis 40 cm Tiefe und eine Gesamttiefe von 60 bis 90 cm. Durch steile Wände wird ein hohes Wasservolumen im Verhältnis zur Oberfläche erreicht, was für das biologische Gleichgewicht von großem Vorteil ist. Denn je größer das Volumen eines Beckens ist, desto besser bleibt dieses Gleichgewicht erhalten. Kleine, flache Fertigtümpel eignen sich mehr für Springbrunnen, schön gestaltete Vogeltränken oder auch für Sumpfbiotope.
Während früher Fertigteiche zum Teil gerade Kanten hatten und sich so an gerade Wege oder Terrassen anlehnen konnten, werden sie heute meistens in

geschwungenen Formen angeboten, die einen freien Stand verlangen und sich schlecht an regelmäßige Plattenbeläge anschließen lassen. Ein gewisser Nachteil der Fertigteiche ist die beschränkte Auswahl aus nur wenigen, festgelegten Formen und Größen.

Der Folienteich

Folienteiche sind die neuere und meistens auch bessere Alternative zum Fertigteich. Sie lassen sich in Form und Tiefe frei gestalten, sind flexibel, passen sich allen Uferformen an und waren der Ausgangspunkt einer ganz neuen Teichgestaltung. Anfangs gab es nur 0,5 mm starke Dichtungsfolien aus PVC, die der Landschaftsgärtner selbst zusammenschweißen musste. Seit 1970 sind spezielle Teichfolien in den Stärken von 0,5 bis 1,5 mm Stärke auf dem Markt. Auch hier waren die in Herstellung und Entsorgung problematischen PVC-Folien die Vorreiter. Sie waren anfangs nicht sehr UV-beständig, wurden aber später besser. Sie ließen sich nur bei warmem Wetter verarbeiten, weil sie in der Kälte steif wurden. Billige PVC-Folien enthielten zudem hohe Weichmacher- und Chromanteile, die fischschädlich waren. PVC-Folien werden deshalb heute meist als Sondermüll behandelt, und nur wenige Hersteller nehmen die Folien zurück. Inzwischen werden sie langsam von den besseren EPDM-Folien und in geringerem Maße auch von PE-Folien abgelöst. EPDM ist ein UV-beständiger Kautschuk, der bei jeder Temperatur flexibel bleibt und auch keine Lösungsmittel abgibt. Im Allgemeinen werden auf diese Folien, wenn sie werksseitig fertig geliefert werden, um die 30 Jahre Garantie gegeben.

Ufergestaltung

Um das Potenzial dieser Folien optimal zu nutzen, ist der Ufergestaltung bei einem Folienteich besondere Beachtung zu schenken. So hat das Ufer mehrere wichtige Aufgaben im Gartenteich zu erfüllen: Es muss den Wasserverlust minimieren und die Wasserfläche optisch eingrenzen, aber auch Platz für die vielen schönen Uferpflanzen bieten. Deshalb wird für mittlere Teiche eine Pflanzuferbreite von 80 bis 120 cm oder mehr empfohlen. Mit der Uferzone beginnt

Diese Uferzone wird durch eine blühende Funkie, eine Schwertlilie und den kriechenden Wassersellerie sowie durch Steine und eine dekorative Wurzel belebt.

Das Pflanzufer
Oben: Die Folie der Kapillarsperre wird auf dem gewachsenen Boden mit Steinen fixiert und abgedeckt. Die Rutschsicherung des Substrates erfolgt durch in Mörtel versetzte Steine. Mitte: Hier wird die Folie über einen Randstein oder Ähnliches gezogen und verdeckt. Rutschsicherung durch ein Drainflex-Rohr unter der Folie. Unten: Sicherungen durch Keile aus Fein-Beton.

man bei einer Tiefe von 40 bis 50 cm unter dem Wasserspiegel und bleibt dann waagerecht oder steigt langsam nach außen hin an. Erst am Ende des Ufers wird die Folie senkrecht gestellt und bildet die so genannte Kapillarsperre. Die auf die Folie aufgebrachte, 10 bis 20 cm hohe Substratschicht beginnt somit etwa 30 bis 40 cm unter dem Wasser, steigt langsam nach außen hin an und verläuft im letzten Drittel mindestens 10 cm über dem Wasserspiegel. Je breiter das Ufer ist, desto flacher kann es ansteigen und desto geringer ist die Gefahr, dass Ufersubstrat in den tiefen Teil des Teiches abrutscht. Bei schmaleren Ufern muss man deshalb auch bei 20 bis 30 cm Wassertiefe beginnen. Das eigentliche Pflanzufer sollte vom Betrachter aus gesehen immer hinter der Wasserfläche liegen und diese einrahmen. Das vorne am Teich liegende »Betrachterufer« sollte deutlich flacher und schmaler sein.

Die Kapillarsperre

Um den Teich vor Wasserverlust zu schützen, muss die Folie in jedem Uferbereich eine absolute Sperre zwischen dem innen aufgebrachten Ufersubstrat und dem außen anliegenden Gelände bilden. Dies kann durch einfaches Senkrechtstellen und Fixieren der Folie erfolgen. In der Praxis hat es sich bewährt, auf dem **Betrachterufer** die Folie im Mörtelbett mit Steinen oder Platten zu vermauern oder mindestens mit einem Betonkeil von beiden Seiten gegen eventuelles Heruntertreten durch Menschen oder Tiere zu sichern.

Beim **Pflanzufer,** welches stets höher über dem Wasserspiegel liegt, ist die Gefahr des Beschä-

Das Betrachterufer
Sicherung der Kapillarsperre gegen Beschädigungen: oben: durch Vermauern mit einer Pflasterzeile; Mitte: durch einen mit Steinen verdeckten Betonkeil; unten: durch zwei verdeckte Betonkeile.

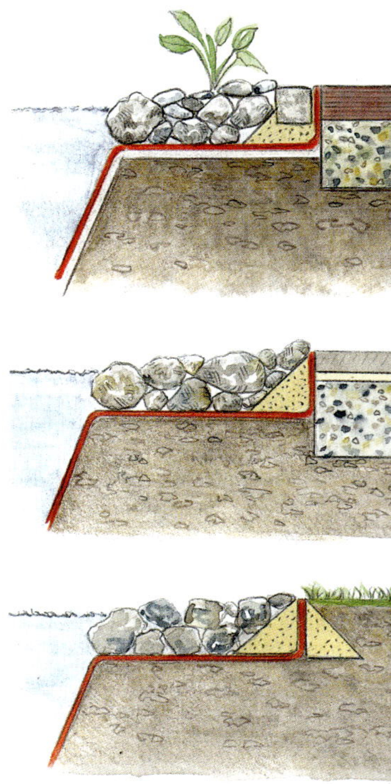

digens deutlich geringer. Dennoch sollte auch hier die Folie leicht fixiert werden, indem sie über eine Kante aus Ziegel- oder Randsteinen, Platten oder über einen kleinen Mörtelwall gezogen wird. In der gesamten Uferzone, besonders aber auf dem Pflanzufer, sind Kapillarbrücken zu vermeiden! Sie sind oft die Ursache von enormen Wasserverlusten.
Kapillarsperren müssen auch bei Bachläufen beachtet werden. Hier kann es durch das strömende Wasser zu noch höheren Wasserverlusten kommen. Beim Bau von Bachläufen sollte des Weiteren beachtet werden, dass das Bachbett so breit angelegt wird, dass auch innerhalb der Kapillarsperre Flächen zum Bepflanzen angelegt werden können. Damit bei einem Ausfall der Pumpe die Pflanzen im Bachbett nicht gleich vertrocknen, muss das Wasser so weit angestaut werden, dass es wenigstens für ein bis zwei Tage im Bett stehen bleibt.

Das Moorbeet

Diese Art, sich ein Feuchtbiotop anzulegen, findet immer mehr Liebhaber. Genau genommen sind Moorbeete auch Teiche, mit großen Uferzonen und nur einem kleineren Tümpel in einer Vertiefung. Wir bauen Moorbeete wie einen normalen Teich mit seinen Kapillarsperren, nur enden wir in der Tiefe bei 40–50 cm.
Solche Biotope haben wegen ihrer großen Oberfläche eine sehr starke Verdunstung, die von dem kleinen Tümpel kaum ergänzt werden kann. Ein findiger Gärtner kam dann auf die Idee, unter einer 10–20 cm dicken Torfschicht Hohlräume zu schaffen, die als Wasserspeicher dienen können. Er durchlöcherte alte Eimer und sammelte große Pflanzencontainer und stellte sie umgekehrt auf die Teichfolie. Auf und zwischen diese Gefäße füllte er den Torfmull. Wenn man nun Regenwasser in ein solches Biotop gibt, füllen sich auch die

Spätestens nach drei Jahren muss die Kapillarsperre durchgehend überprüft werden, denn Laub und abgestorbene Pflanzenreste können in dieser Zeit eine Kapillarbrücke bilden. Der Wasserverlust durch den kapillaren Sog einer nur 1–2 cm starken Kapillarbrücke kann pro Stunde und laufendem Meter bis zu **100 Liter** betragen!

Moorbeete im Uferbereich oder eigens angelegt benötigen saures Substrat, erfreuen aber mit Fleisch fressenden Pflanzen und anderen interessanten Stauden, Gräsern und Gehölzen.

Durchgesägte Whisky-Fässer eignen sich besonders gut für Mini-Wassergärten, müssen aber frostfrei überwintern.

freien Hohlräume der umgekehrten Gefäße. Durch den kapillaren Sog des Torfs bleibt das Beet feucht, bis der gesamte Vorrat verbraucht ist. Als Wasserstandsanzeiger fungiert der kleine Wassertümpel, der bis zum Boden reicht. Als Baumaterial werden Torf, Torfsoden und Quarzkies, also nur kalkfreies Material verwendet. Ebenso sollen Steine, wenn sie verwendet werden, keinen Kalk enthalten, geeignet sind etwa Granit, Porphyr und Diabas. Als Wasser sollte Regenwasser bevorzugt werden, sofern nicht das eigene Leitungswasser schon sehr weich und kalkarm ist.

Unter den Pflanzen der Sumpf- und der Feuchtzone gibt es viele Arten, die in diesem Bereich mit weniger Konkurrenz zu kämpfen haben, den sauren Standort lieben und manchmal sehr interessante Formen bilden.

Der Mini-Wassergarten

Hier haben wir es mit einer Sonderform einer Pflanzung zu tun. Unter diesem Begriff versammelt sich nämlich eine Menge verschiedenster Möglichkeiten, wie man Wasserpflanzen noch verwenden kann. Da im weiteren Text dieser Begriff öfters gebraucht wird, hier eine kurze Erklärung: Mini-Wassergärten sollen oft der Ersatz für einen Gartenteich sein, weil man entweder keinen Platz dafür oder gar keinen Garten hat. Sie lassen sich auf dem Balkon oder der Terrasse aufstellen und zeigen doch ein wenig »Natur«. Der kleinste Mini-Wassergarten kann ein Eimer sein, der eine sehr schwach wachsende Seerose und eine über das Wasser heraus stehende Pflanze enthält. Auch ein Blumenkasten mit nur einem schwach wachsenden Rohrkolben oder einer Sumpfdotterblume kann schon als »Wassergarten« bezeichnet werden. Schöner sind natürlich Schalen aus Keramik, Ton oder tonfarbigem Plastik oder durchgesägte Holz- oder Whiskyfässer, die einen gewissen Stil haben. Wer es nostalgisch mag, kann auch einen Waschzuber, eine alte Waschschüssel aus Omas Zeiten oder eine Zinkwanne zum Mini-Wassergarten umfunktionieren.

Sehr schön lässt sich ein großer hölzerner Pflanztrog gestalten: Man nimmt einen Pflanztrog, etwa 60 x 120 cm groß und 40 cm hoch, und stellt in eine der vorderen Ecken eine recheckige, 35 cm hohe Mörtelwanne, 40 x 70 cm, aus Plastik. Der restliche Zwischenraum im Trog wird mit Blumenerde oder Containersubstrat gefüllt. So kann man die Wanne als Wasserfläche mit einer schwach wachsenden Seerose und ein oder zwei Uferpflanzen besetzen. Die freien Flächen dahinter und an der Seite werden mit einem Zwerggehölz und einigen dazu passenden Stauden und Gräsern bepflanzt. Zum Schluss nimmt man ein paar trockene Wurzeln, Äste oder flache Steine und verdeckt damit den Rand der Wanne. Natürlich sind auch andere Maße und Formen möglich. Ihrer Fantasie sind da keine Grenzen gesetzt.

Die Lebensbereiche der Wasserpflanzen

Erst Pflanzen machen aus einem Gartenteich ein belebtes und sehenswertes Stück Natur im Garten. Um eine Pflanzung erfolgreich anzulegen und zu pflegen, sollten wir auf die Natur achten, jede Pflanze stellt bestimmte Ansprüche an Boden, Licht und Wasserversorgung, die ihren optimalen Standortbedingungen entsprechen. Auch im Garten und im Gartenteich müssen diese beachtet werden. So finden sich innerhalb und außerhalb der Kapillarsperre sehr unterschiedliche Lebensbedingungen, die im gärtnerischen Sprachgebrauch als Lebensbereiche bezeichnet werden und sich beim Gartenteich wie in der Natur in fünf Zonen einteilen lassen.

Die Seerosenzone

Sie ist der tiefste Bereich des Wassers und sollte einen Wasserstand von mindestens 70 cm aufweisen, damit im Winter Tiere auch bei Eisstärken von 40–50 cm noch genügend Wasserraum haben. Besser noch sind Tiefen um die 90–100 cm. Die Obergrenze der Seerosenzone endet etwa bei 40–50 cm Wassertiefe. Auch größere Tiefen sind möglich, aber nicht zu empfehlen, denn die Temperaturschichtung des Wassers wird immer unbeweglicher, je tiefer das Wasser ist. So wird sich das tiefere Wasser schlechter erwärmen, und das hat eine deutlich spätere Seerosenblüte zur Folge.
In der Seerosenzone gedeihen viele Arten, die am Boden wurzeln und nur mit Schwimmblättern die Wasseroberfläche erreichen. Bekanntestes Beispiel ist die Seerose, die dieser Zone den Namen gab. Ferner wachsen hier viele Unterwasserpflanzen, die entweder im Bodengrund wurzeln oder frei schwimmend im Wasser treiben. Die meisten davon sind gute Sauerstoffspender. Auch gibt es einige Arten, die mit Hilfe ihrer Schwimmblätter frei auf der Wasseroberfläche schwimmen und dieser Zone zugeordnet werden, obwohl sie auch in Zonen mit flacherem Wasserstand gedeihen.

Schmale Uferzonen mit niedrigen Pflanzen öffnen den Blick auf die Wasserfläche, die jedoch nicht durch eine in der Mitte stehende Pflanze unterbrochen werden sollte.

Die Flachwasserzone

Sie umfasst den Bereich von etwa 40–50 cm Wassertiefe bis 10 cm unter dem Wasserspiegel. Viele Arten in dieser Zone wachsen weit über die Wasseroberfläche hinaus und auch einige Schwimmblattpflanzen sind hier angesiedelt und füllen gelegentlich die freien Räume zwischen den hohen Arten. In der Naturlandschaft ist diese Zone der Bereich des Schilf- oder Binsengürtels, der sich im Gartenteich möglichst nicht entwickeln sollte, da er die Sicht auf die dahinter liegende Uferbepflanzung verdeckt und oft auch noch in die höheren Uferzonen hineinwächst.

Die Sumpfzone

Die Sumpfzone markiert den Übergang vom »Land« ins Wasser und umfasst den Raum von 10 cm unter bis 10 cm über dem Wasserspiegel.
Da dieser Bereich in der Natur den ständigen Schwankungen des Wasserspiegels ausgesetzt ist, müssen auch die Pflanzen dieses Standorts besonders tolerant gegenüber wechselnden Wasserständen sein. Die Arten, die normalerweise über dem Wasserspiegel wachsen, können ohne Probleme einige Tage lang überflutet werden. Andererseits können die Pflanzen, die im flachen Wasser wachsen, auch zeitweise trockenfallen. Das gilt sogar für die Schwimmblattpflanzen dieser Zone. Bei ihnen werden dabei oft ganz anders geformte Blätter ausgebildet, die als so genannte Landformen bezeichnet werden. Diese Blätter sehen oft so ganz anders aus, dass man diese Formen früher als Unterarten der Unterwasserformen ansah. Bei steigendem Wasserstand bilden sich freilich wieder Unterwasserblätter.
Einige Arten der Sumpfzone treiben bei steigendem Wasserstand Schwimmblätter. Andere Arten des flachen Wassers haben in der Jugendform Schwimmblätter, die bei der Weiterentwicklung der Pflanzen verkümmern und den normalen Blättern weichen.
Von der Sumpfzone geht es nahtlos in die Feuchtzone über, weshalb diese beiden Zonen im Porträtteil (ab Seite 19) auch zusammengefasst wurden.

Das steilere Ufer dieser Feuchtzone wird mit Steinen aufgefangen. Dazwischen blühen von Ende Mai bis Anfang Juli *Primula bullesiana, Primula japonica* und *Primula florindae.*

Die Feuchtzone

Die Feuchtzone liegt immer über dem Wasserspiegel, aber innerhalb der Kapillarsperre. Sie wird vom aus dem Wasser ansteigenden Ufersubstrat gebildet und erreicht im gewöhnlichen Gartenteich selten eine größere Höhe über dem Grundwasserspiegel als 20 cm. Sie hat aber eine ständige Verbindung zum Teich-

wasser und ist daher im Untergrund durchgehend gut mit Wasser versorgt. Viele Pflanzen dieser Zone haben einen reduzierten Verdunstungsschutz und müssen deshalb mit ihren Wurzeln noch das Grundwasser erreichen.
Für den Gestalter von Gartenteichen ist diese Zone besonders wichtig, weil hier mit die dekorativsten Stauden für die Uferbepflanzung zu finden sind. Es ist bedauerlich, dass dies viele Teichgestalter noch nicht erkannt haben und ihren Kunden das Schönste am Teich neben den Seerosen vorenthalten.

So lang kann ein Ausläufer unseres heimischen Schilfs in etwa einem Vierteljahr werden! Darum sollten Sie alle »Robusten« nie in freie Erde, sondern immer in geschlossene Kübel pflanzen.

Die Gartenzone

Da etliche Pflanzenarten der Feuchtzone eine gewisse Trockentoleranz aufweisen, soll auch noch kurz auf die Gartenzone eingegangen werden. Sie liegt außerhalb der Kapillarsperre und wird vorwiegend mit normalen Gartenstauden bepflanzt. Um aber den Übergang von der Feuchtzone in die Gartenzone nicht allzu krass ausfallen zu lassen, können die toleranteren Arten auch in der Gartenzone wiederholt werden. Diese Toleranz wird bei den Beschreibungen der einzelnen Arten zusätzlich auch noch angegeben.

Unterschiedliches Wuchsverhalten

Bei den Wasserpflanzen gibt es – wie bei Menschen – solche mit rücksichtslosem Verhalten, die sich überall durchsetzen. Es gibt markante Erscheinungen, die das Umfeld bestimmen, ohne zu stören, aber auch die »Lieben«, die sich überall einordnen und keinem etwas zu Leide tun. Menschen wie Pflanzen sollte man kennen und um ihr Verhalten wissen, will man keine Enttäuschung erleben. Die Kürzel in Klammern bei den einzelnen Gruppen beziehen sich auf die verwendeten Zeichen in der Symbolleiste des Porträtteils (ab Seite 19).

Die »Robusten« (R)

Oft sind es Arten des Ufers und der Flachwasserzone, die sich durch starke Ausläuferbildung sehr schnell verbreiten und in kurzer Zeit alles verdrängen, was ihnen nicht gewachsen ist. Sie wuchern und lassen sich nicht eingrenzen, es sei denn, sie werden durch Rhizomsperren aufgehalten. Das heißt im Klartext, sie müssen, wenn sie im Gartenteich der Optik wegen erwünscht sind, in geschlossene Kübel, zum Beispiel in 60 oder 90 Liter fassende Mörtelkübel, gepflanzt werden. Leider sind viele von diesen Arten sehr anspruchsvoll, was die Nährstoffversorgung angeht.

Die »Verträglichen« *Primula rosea* und *Primula denticulata* sind mit die frühesten Blüher am Ufer und dort sehr langlebig.

»Einzelgänger« wie die Sumpf-Schwertlilie empfehlen sich als dekorativer Blickpunkt (Samenkapseln entfernen).

Die »Fruchtbaren« (F)

Alle Pflanzen haben das Bestreben, sich durch Samen zu vermehren. Einige Arten machen das besonders intensiv und produzieren pro Pflanze mehrere hundert bis tausend Samenkörner. Dies ist bei diesen Arten auch angebracht, da nur ein sehr geringer Anteil optimale Keimbedingungen in der Natur findet.

Im Bereich des Gartenteichs ist die Konkurrenz der Pflanzen untereinander nicht so groß, und so können dort sehr viele der ausgefallenen Samen aufgehen und auf diesem Wege anderen Stauden den Platz streitig machen. Bei der Verwendung dieser Pflanzen am Gartenteich müssen die Samenstände sofort nach der Blüte entfernt werden, damit sie nicht alle Zwischenräume in der frischen Pflanzung besiedeln. Ist die Pflanzung erst einmal voll eingewachsen, können einige Samenstände stehen bleiben, damit sie eventuell auftretende Lücken schnell wieder schließen. Dies birgt allerdings das Risiko, dass ausfallender Samen von Wasser und Wind auch in ungewünschte Ufer- und Gartenzonen getrieben wird, dort keimt und neue Pflanzen bildet. Auch bei den »Fruchtbaren« finden sich etliche Repositionspflanzen.

Repositionspflanzen

Die Robusten stellen auch die meisten so genannten Repositionspflanzen, die auf Grund ihrer Wuchskraft zur Befestigung von Ufern, zur Renaturierung von Wasserläufen und zur Wasserklärung verwendet werden.

Die »Einzelgänger« (E)

Viele Stauden sind von Aussehen und Wirkung her zur Einzelstellung besonders geeignet. Im allgemeinen Sprachgebrauch wird dabei gelegentlich von Solitärstauden gesprochen; allerdings ist damit der Begriff von Mäch-

tigkeit und Höhe verbunden. Besser passt die Bezeichnung **Strukturbildner,** denn auch viele kleinere Stauden haben als Einzelpflanzen ihre Wirkung in Blüte und Wuchs. Gerade bei kleineren Gartenteichen haben übermächtige Solitärstauden nichts in der Uferzone verloren; sie verwenden wir lieber im und als Hintergrund einer größeren Teichanlage.
Die Vorteile der »Einzelgänger« liegen zunächst in ihrer Verträglichkeit. Sie versamen sich nur geringfügig und bilden auch wenig oder keine störenden Ausläufer, bleiben an ihrem Platz und vergrößern sich nur langsam durch den jährlichen Zuwachs. Dennoch setzen sie sich gegen viele, auch leicht wuchernde Arten durch. Gepflanzt werden sie in kleineren Anlagen einzeln, in größeren auch in Dreiergruppen. Für den Gartenteich sind sie mit der folgenden Gruppe der »Verträglichen« die ideale Uferbepflanzung. Bei sehr kleinen Anlagen lassen sich auch markantere Pflanzen aus der nachfolgenden Gruppe als Strukturbildner einsetzen.

Die »Verträglichen« (V)

Der Vorteil dieser Pflanzengruppe liegt darin, dass ihre Mitglieder sich weder durch verdrängendes Wuchern noch durch übermäßiges Versamen in einer Uferbepflanzung unbeliebt machen. Sie dienen zum Füllen der Räume zwischen den Strukturbildnern. Ausläufer bildende Arten dieser Gruppe wachsen mit ihren Trieben mehr um die benachbarten Pflanzen herum, als dass sie diese überwachsen und erdrücken würden. Wenn sie dennoch einmal lästig werden sollten, lassen sie sich meist sehr leicht entfernen.
Viele der mehr horstig wachsenden Arten sind oft nur zu klein, um zu den »Einzelgängern« gerechnet zu werden. Sie lassen sich gut in kleinen Gruppen zu drei oder in größeren Anlagen auch zu fünf Stück zusammenpflanzen. Auch die sich selbst versamenden Arten dieser Gruppe stören kaum. Der Samenanfall ist gering, und auch das Keimergebnis ist schwächer als bei den »Fruchtbaren«. Dennoch ist es besser, die Fruchtstände bei diesen Arten zu entfernen, wenn absolut keine Sämlinge gewünscht werden. Andererseits kann eine geringe Versamung toleriert werden, denn diese hilft beim Schließen von Lücken, die durch Pflanzenausfälle, die immer mal vorkommen, entstanden sind.

So schön und lange blühend die Gauklerblumen als »Fruchtbare« sind, so stark vermehren sie sich auch.

auf einen blick

- Fertigteiche eignen sich für kleine Gärten, sie sind begrenzt auf wenige Formen oder Größen.
- Folienteiche aus PVC sind wenig umweltfreundlich. EPDM- (und PE-) Folien sind besser, aber etwas teurer. Kapillarsperre beachten!
- Die Pflanzen sind entsprechend ihren Lebensbereichen zu verwenden.
- Einzelgänger und Verträgliche eignen sich am besten für den Gartenteich, Fruchtbare und Robuste eher für sehr große Teiche oder die freie Landschaft.

Die schönsten Wasserpflanzen im Porträt

Wer träumt nicht von einem malerischen Seerosenteich? Doch neben diesen prächtigen Schönheiten gibt es noch viele weitere reizvolle Arten, die den eigenen Wassergarten bereichern. Wichtig ist freilich immer, dass die Standortbedingungen stimmen. Wenn Sie dies bei der Auswahl bedenken, werden Sie langfristig Freude an Ihren Pflanzen haben.

Pflanzen für die Seerosenzone

Seerosen

Die winterharten Formen sind die Königinnen des Gartenteichs. Es gibt sie in allen Farben außer in Blau- und Violetttönen, die den tropischen, bei uns nicht winterharten Arten vorbehalten sind. Die Seerosenzüchtung begann etwa um 1880 und beschränkte sich zuerst fast nur auf stark und mittelstark wachsende Sorten. Erst mit dem französischen Züchter Marliac kamen neben neuen Farben auch schwachwüchsigere Arten in das Sortiment. Sein züchterisches Erbe umfasst allein schon an die 80 Sorten, von denen aber nicht mehr alle im Handel sind.

◀ Etagenprimel und Gelbe Schwertlilie sind besonders dankbare und verträgliche Sommerblüher am Gartenteich.

Vom Wuchsverhalten sind Seerosen sehr verschieden. Es gibt Sorten, die bilden im Jahresverlauf armstarke Triebe von 1 m Länge und wachsen am besten in Teichen der freien Landschaft bei Wassertiefen zwischen 80 und 120(–200) cm. Sie bilden in nur wenigen Jahren im Gartenteich des Hausgartens einen geschlossenen Blätterteppich und einen kaum mehr lösbaren Wust verschlungener Triebe, der oft nur noch mit Maschineneinsatz zu entfernen ist. Wenn überhaupt noch Blüten erscheinen, sind sie so zwischen den Blättern versteckt, dass sie kaum zu sehen sind. Als der Boom der Gartenteiche in den 70er-Jahren begann, waren meist nur diese Sorten im Handel und oft die Ursache, dass der mit großen Erwartungen und Vorfreude gebaute Gartenteich wieder zugeschüttet wurde.
Viele andere Seerosen wachsen deutlich schwächer, haben auch nur daumendicke Triebe und lie-

Erklärungen zu den Porträts

Symbolleiste:
Die Symbolleiste gibt in Kurzform Auskunft über wichtige Eigenschaften der Pflanzen.

Wassertiefe

⬇ +20 / −10 — Die bei den nachfolgenden Porträts angegebenen Wassertiefen in Zentimetern bezeichnen den Optimalwert. Sie können bei den meisten Arten geringfügig über- oder unterschritten werden.

Blütezeit

✿ 4–7 — Die Zahlen stehen für die Monate der Blütezeit.

Wuchshöhe

⬆ 20–30 — Die Angabe in Zentimetern steht für die durchschnittliche Wuchshöhe der Wasserpflanze.

Wuchsverhalten (siehe Seite 15)

R Robuste Art
F Fruchtbare Art
E Einzelgänger
V Verträgliche Art

Stark und mittelstark wachsende Seerosen sollten in großen, natürlichen Teichen ausgepflanzt werden und können dort in wenigen Jahren große Wasserflächen bedecken.

ben Wassertiefen von 20–60 oder 80 cm. Diese Sorten sind für den Gartenteich und oft auch für den »Mini-Wassergarten« geeignet. Eine gute Hilfe, das Wuchsverhalten der einzelnen Seerosensorten zu erkennen, ist der Hinweis auf die optimale Wassertiefe. Bei allen Namen-Sorten, die aus einer Züchtung hervorgegangen sind, ist in der Beschreibung des Züchters schon die optimale Wassertiefe angegeben.

Seerosen, die in Märkten nur nach Farben angeboten werden, sind meistens Ableger von stark wachsenden Sorten. Wenn Sie sicher sein wollen, eine nur schwach wachsende Sorte zu erhalten, müssen Sie sich an Namen-Sorten halten, deren Wuchsverhalten festgeschrieben ist.

Das Seerosen-Sortiment

Das gängige Sortiment umfasst etwa 280 Sorten, wird aber ständig durch Neuzüchtungen erweitert. Besonders nach dem letzten Krieg haben sich u. a. zwei amerikanische Züchter durch viele Neuzüchtungen hervorgetan. Diese Sorten finden jetzt langsam Eingang in die Gärten. In letzter Zeit wird auch in Deutschland wieder kräftig gezüchtet, wobei besonderer Wert auf schwächer wachsende Formen gelegt wird.

Die Blütezeit der Seerosen beginnt in Deutschland etwa Mitte bis Ende Mai und dauert bis Ende September, wobei etliche Sorten bei gutem Wetter auch noch bis Anfang November, wenn auch etwas schwächer, weiterblühen. Die tägliche Blühdauer ist je nach Sorte, Tagestemperatur und Jahreszeit sehr unterschiedlich. Die ersten Sorten öffnen sich morgens gegen 10 Uhr, nachmittags schließen die ersten Sorten schon um 16 Uhr. An bedeckten oder regnerischen Tagen kann sich das Schließen bis etwa 18 Uhr hinausschieben. An kühleren Tagen Anfang September können wir bei manchen Sorten abends um 19.30 Uhr noch offene Blüten finden.

Die nachfolgende Auswahl kann nur ein empfehlenswerter Ausschnitt aus dem riesigen Sortiment sein und erhebt deshalb auch keinen Anspruch auf Vollständigkeit. Bevorzugt werden Sorten beschrieben, die sich in den letzten Jahren bewährt haben und sich gut für kleinere Gartenteiche eignen.

'Berthold'

Blütenfarbe: weiß bis zartrosa
Wassertiefe: 30–60 cm
Die etwa 7 cm große, sternförmige Blüte öffnet sich nie so weit, dass die äußeren Blütenblätter waagerecht stehen. Abends schließt sie sich jedoch etwas später als viele andere Sorten. Die kräftig grünen, runden Blätter haben einen Durchmesser bis 20 cm. Diese bewährte Sorte ist seit langem im Sortiment und weit verbreitet. Platzbedarf nach drei Jahren etwa 1,50 x 1,50 m, für Teiche ab 9 m².

'Burgundy Princess'

Blütenfarbe: dunkel kirschrot
Wassertiefe: 30–50 cm
Die Wirkung der auffallend dunklen Blütenfarbe wird durch die hellroten Staubblätter und die innen rosafarbenen Kelchblätter noch verstärkt. Mit 7 cm Blütendurchmesser zählt sie zu den kleinblumigen Sorten. Die Blätter sind dunkelgrün und haben nur 15 cm Durchmesser mit auseinander stehenden Lappen. Eine amerikanische Züchtung, die sich ihren Markt erobern wird. Platzbedarf nach drei Jahren etwa 1,25 x 1,25 m, für Teiche ab 9 m².

'Charlie's Choice'

Blütenfarbe: gelblich rosa
Wassertiefe: 30–60 cm
Die Farbe dieser Sorte ist besonders interessant und findet bei allen Betrachtern starken Anklang. Sie geht von einem hellen Orangegelb außen zu einem schönen Rot in der Mitte über. Die strahlenförmige Blüte hat 12 cm Durchmesser und steht meist etwas über dem Wasser. Die hellgrünen, anfangs noch braungrünen Blätter sind nur wenig größer mit auseinander stehenden Lappen. Diese amerikanische Züchtung löst ähnlich gefärbte ältere Sorten zunehmend ab, da sie viel blühwilliger und weniger stark wachsend ist. Platzbedarf nach drei Jahren etwa 1,50 x 1,50 m, für Teiche ab 15 m².

Eine Bemerkung zur **Frosthärte** der Seerosen: Die meisten Sorten vertragen es, wenn sie einfrieren. Dazu müssen sie allerdings gut ausgereift und voll eingewurzelt sein. Frisch gepflanzte oder solche Seerosen, die aus einem Gewächshaus kommen, sind zu weich und können im Eis absterben. Außerdem gibt es einige Sorten, die ein Einfrieren niemals vertragen; auf diese wird in den Porträts jeweils besonders hingewiesen.

Seerose 'Burgundy Princess'

'Escarboucle'

Blütenfarbe: rubinrot
Wassertiefe: 60–100 cm
Ihre sehr leuchtende Blütenfarbe macht diese altbewährte

Seerose 'Charlie's Choice'

Seerose 'James Brydon'

Seerose 'Joey Tomozik'

Sorte so beliebt. Die strahlenförmige Blüte hat einen Durchmesser bis zu 18 cm. Sie ist leider eine stärker wachsende Sorte mit dünnem Rhizom und etwa 30 cm großen Blättern und mit überdeckenden Blattlappen. Wegen ihrer schlechteren Vermehrbarkeit liegt sie im Preis meist etwas höher als andere alte Sorten. Platzbedarf nach drei Jahren etwa 1,50 x 1,50 m, für Teiche ab 15 m².

'Froebeli'

Blütenfarbe: karminrot
Wassertiefe: 30–60 cm
Die karminrote, schon ältere Sorte mit strahliger Blüte öffnet sich nicht vollständig, bleibt aber abends oft länger geöffnet – je nach Witterung etwa bis 18 Uhr. Mit einem Durchmesser um die 9 cm steht die Blüte meist etwas über dem Wasser. Das junge Blatt ist bräunlich und wird später dunkelgrün, hat 14 cm Durchmesser und auseinander stehende Lappen. Als bewährte Sorte ist 'Froebeli' meist überall im Handel zu bekommen. Platzbedarf nach drei Jahren etwa 1,50 x 1,50 m, für Teiche ab 12 m². Bild siehe Seite 20.

'James Brydon'

Blütenfarbe: kirschrot
Wassertiefe: 30–80 cm
Eine besondere und auffallende Blütenfarbe, die im Sortiment nicht wiederkehrt. Die schalen- bis kugelförmigen Blüten wirken wie gefüllt und haben einen Durchmesser bis zu 14 cm. Junge Blätter treiben braungrün aus, werden mit dem Alter dunkelgrün und sind mit 20 cm Durchmesser ziemlich groß. Die Blattlappen stehen kaum auseinander. Platzbedarf nach drei Jahren etwa 1,50 x 1,50 m, für Teiche ab 15 m².

'Joey Tomozik'

Blütenfarbe: leuchtend zitronengelb
Wassertiefe: 35–70 cm
Das auffallende Zitronengelb dieser neueren amerikanischen Sorte ist im Seerosensortiment unübertroffen. Die sternförmige Blüte hat einen Durchmesser von 12–14 cm und steht etwas über dem Wasser. Junge Blätter tragen eine braunrote Zeichnung, das ausgewachsene Blatt ist dunkelgrün mit 15 cm Durchmesser und auseinander stehenden Blattlappen. Platzbedarf nach drei Jahren etwa 1,50 x 1,50 m, für Teiche ab 15 m².

'Little Sue'

Blütenfarbe: gelb, fein rötlich gestreift
Wassertiefe: (8–)25–50 cm
Diese interessante Blütenfarbe ändert sich bis zum dritten Tag und wandelt sich im Verblühen zu orangerot. Der Durchmesser der sternförmigen Blüte erreicht nur 9 cm. Nur wenig größer als die Blüten werden die dunkelgrünen Blätter. Sie sind stark rotbraun gefleckt und haben weit auseinander stehende Blattlappen. Eine Sorte, die man nicht nur im Gartenteich verwenden kann – wir können sie auch in Mini-Wassergärten, Tröge und Kübel pflanzen, die allerdings frostfrei überwintert werden müssen. Versuchsweise wurde sie auch in ein kleines Gefäß mit 40 x 40 cm und 15 cm Tiefe gepflanzt, wo sie bei 8–10 cm Substrat und 5 cm Wasserstand zufrieden stellend gedieh und auch ausreichend blühte. Zusätzlich wurde noch mit drei Düngerkegeln gedüngt. Platzbedarf nach drei Jahren etwa 1,00 x 1,00 m, für Teiche ab 6 m².

'Maurice Laydeker'

Blütenfarbe: hellrosa zu kirschrot
Wassertiefe: 20–50 cm
Wenn Sie mit nur einer Seerosensorte im Teich ein reicheres Farbenspiel haben möchten, ist Ihnen mit dieser Sorte gut gedient, denn sie ist im Aufblühen ganz hellrosa, am zweiten Tag kräftig rosa und am dritten Tag fast rot mit weißen Außenblättern. Das Blatt ist in der Jugend rotbraun, später grün und hat sehr weit auseinander stehende Blattlappen. Eine interessante Sorte für den kleinen Teich oder das Fertigbecken. Platzbedarf nach drei Jahren etwa 1,25 x 1,25 m, für Teiche ab 9 m².

'Perry's Dwarf Red'

Blütenfarbe: kräftig rot
Wassertiefe: 30–60 cm
Die gefüllte, schalenförmige Blüte hat einen Durchmesser von 10 cm, ist in der Mitte fast dunkelrot und wird zu den äußeren Blütenblättern hin durch eine feine, weiße Zeichnung etwas heller. Wohl eine der blühwilligsten und reichblütigsten Sorten im ganzen Seerosen-Sortiment. Sollte die

Seerose 'Little Sue'

Seerose 'Maurice Laydeker'

Seerose 'Perry's Fire Opal'

Blühfreude nachlassen, kann man mit einigen Düngerkegeln, die man tief ins Wurzelwerk drückt, etwas nachhelfen. Die Blätter sind in der Jugend rotbraun und später grün, mit 15 cm Durchmesser. Platzbedarf nach drei Jahren etwa 1,25 x 1,25 m, für Teiche ab 9 m².

'Perry's Fire Opal'

Blütenfarbe: rosa
Wassertiefe: 35–70 cm
Die zart duftenden, im Durchmesser 12 cm großen Blüten sind sehr stark gefüllt, schalenförmig und weithin auffallend durch ihr kräftiges und leuchtendes Rosa. Die im Jugendstadium rotbraunen, später grünen Blätter erreichen 20 cm Durchmesser und mehr und haben keine auseinander stehenden Blattlappen. Die etwas stärker wachsende Sorte eignet sich mehr für mittlere und größere Gartenteiche. Sie hat nach drei Jahren einen Platzbedarf von etwa 2,00 x 2,00 m, für Teiche ab 20 m².

'Walter Pagels'

Blütenfarbe: cremeweiß
Wassertiefe: 30–50 cm
Die schalenförmigen, etwa 8–10 cm im Durchmesser großen, cremeweißen Blüten schimmern nach der Mitte zu ganz zart rosa und sind im Farbenspiel der schwach wachsenden Seerosen nicht zu entbehren. Die leicht ovalen Blätter dieser Einführung aus den USA haben einen Durchmesser von etwa 15 cm und auseinander stehende Blattlappen. Platzbedarf nach drei Jahren etwa 1,25 x 1,25 m, für Teiche ab 9 m².

'Wow'

Blütenfarbe: leuchtend purpurrot
Wassertiefe: 30–70 cm
Diese Sorte hat in der Blüte solch enorme Leuchtkraft, dass sie den Amerikanern den bewundernden Ausruf »Wow« entlockte, und so wurde sie dann auch genannt. Die leicht gefüllte Blüte ist schalenförmig mit einem Durchmesser von etwa 12 cm. Die großen, grünen Blätter haben einen Durchmesser von rund 25 cm und leicht auseinander stehende Blattlappen. Eine Sorte, die nicht für kleine Gartenteiche geeignet ist. Der Platzbedarf beträgt nach drei Jahren etwa 1,50 x 1,50 m, für Teiche ab 15 m².

Seerose 'Wow'

Zwergseerose *Nymphaea tetragona*

***Nymphaea tetragona*, Zwergseerose**

Blütenfarbe: weiß
Wassertiefe: 20–40 cm
Diese sehr kleinblütige Art ist eine Wildform aus dem nördlichen Osteuropa und Asien mit guter Winterhärte. Das Rhizom ist sehr kurz und wird nur finger- bis daumendick. Die kleinen weißen sternförmigen Blüten haben nur 3 cm Durchmesser und um die zwölf Blütenblätter. Die länglichen Blätter werden bis zu 8 cm lang. Verwendbar in kleinen Gefäßen, Trögen und anderen Mini-Wassergärten. Diese Art neigt dazu, Samen zu bilden und sich an zusagenden Stellen selbst zu versamen. Platzbedarf nach drei Jahren etwa 0,60 x 0,60 m.

Frei schwimmende und Schwimmblattpflanzen der Seerosenzone

In der Seerosenzone gibt es eine ganze Reihe von Arten, die wie die Seerosen selbst mit den Blättern an der Wasseroberfläche schwimmen und ihren Gasaustausch auch über die Blattoberseite betreiben.

Wasserähre
Aponogeton distachyos

⬇ −40 −60 ✿ 6–10 **E**

Wuchs: Aus einem kurzen Trieb am Bodengrund entwickeln sich Blätter und Blüten.
Blatt: An langen, vom Grund aufsteigenden dünnen Stielen sitzen lang gezogene, ovale, etwa 12 cm lange und 3 cm breite Blätter, die gelegentlich eine deutlich sichtbare braune Zeichnung aufweisen.
Blüte: Zwei Ähren aus einem Stiel bringen eine Doppelreihe weißer Blüten mit einigen schwärz-

Die Wasserähre bildet interessante Blütenstände.

Das Feenmoos wächst in schwimmenden Beständen.

lichen Punkten hervor, die leicht über dem Wasser stehen und honigartig duften. Die sich entwickelnden Samen werden nach der Reife entlassen und schwimmen längere Zeit auf dem Wasser, ehe sie auf den Grund absinken.

Verwendung: In den sonnigsten Platz des Teiches ab einer Wassertiefe von 40 cm. Bei flacherem Stand, der gern angenommen wird, müssen wir im Winter jedoch mit Frostschäden und einem totalen Ausfall rechnen.

Hinweis: Weil die Art aus Südafrika stammt, kann sie das Einfrieren im Eis nicht vertragen. Sie geht sofort ein. Auch lange Winter werden schlecht vertragen, denn in ihrer Heimat kann sie dauernd wachsen und blühen und braucht deshalb auch keine Nährstoffe zu speichern. Bei uns dagegen kann sie einfach »verhungern«. Ein kleiner Tipp: Wenn Sie einen Totalverlust vermeiden wollen, sollten Sie im Herbst einige Samen abfischen. In einem Gefäß mit etwas Substrat und 10 cm Wasserstand lassen Sie die Samen schwimmen, bis sie absinken und keimen. Bei Winterbeginn stellen Sie das Gefäß frostfrei und hell auf.

Die Ähren mit den reifenden Samen sind genießbar; sie werden wie grüne Bohnen verwendet. In Südafrika werden sie von der Konservenindustrie als besonderes Gemüse verarbeitet.

Feenmoos, Schwimmfarn
Azolla caroliniana

Schwimmpflanze **V/R**

Wuchs: Die feinen, sich stark verzweigenden Triebe wirken federartig und werden selten länger als 3–5 cm, bevor sie auseinander fallen. Dieser kleine Farn kann auf Teichen geschlossene Bestände bilden, wenn das Wasser sehr nährstoffreich ist. Der Teich sieht dann wie eine grüne Rasenfläche aus und kann dadurch Mäusen zur Falle werden.

Blatt: Schuppig, hellgrün und fein behaart, dadurch silbrig schimmernd und wasserabweisend. Bei kühlerer Witterung färben sich die Pflanzen rotbraun. Nach starken Frösten sterben die Triebe ab und sinken auf den Grund.

Blüte: Keine, da die Pflanze zu den Farnen gehört.

Verwendung: Interessante Schwimmpflanze, die sich vom Wind getrieben auch im Uferbereich ansiedelt.

Hinweis: Stammt aus dem Süden Nordamerikas. Bei dichter Bedeckung der Wasseroberfläche werden lästige Fadenalgen unterdrückt. Durch ihren hohen Nährstoffbedarf trägt diese Pflanze auch zur Wasserklärung bei. Die Art ***A. filiculoides*** ist in allem etwas robuster und auch im Winter etwas frostsicherer.

Froschbiss
Hydrocharis morsus-ranae

Schwimmpflanze ✿ 7–8 **V**

Wuchs: Die schwimmenden rosettenförmig aufgebauten Pflanzen bilden Ausläufer, an denen sich weitere Tochterrosetten entwickeln. Die fein behaarten Wurzeln können 40 cm oder auch länger werden und dienen der Ernährung aus dem Wasser. Im Herbst, wenn die Pflanzen vergilben, werden gerstenkorngroße Überwinterungsknospen gebildet, die nach dem Absterben der Pflanzen zu Boden sinken. Mit der Erwärmung des Wassers steigen die Knospen wieder auf und bilden neue Pflanzen.
Blatt: Die Blätter sind seerosenartig rund, haben 4 cm Durchmesser und stehen an mehr oder weniger langen Blattstielen in einer Rosette um die gestauchte Sprossachse.
Blüte: Die Blüten aus drei 1,5 cm großen, weißen Blütenblättern stehen einzeln oder bis zu dritt kurz gestielt über der Mittelachse.
Verwendung: Die frei schwimmende Pflanze wird vom Wind getrieben und verankert sich in Ufernähe mit ihren Wurzeln. In der Natur finden wir sie als Begleitung zwischen locker stehenden Uferpflanzen wie Teichsimse oder Schilf. Damit die Winterknospen im Frühjahr wieder aufsteigen können, muss der Teichboden möglichst frei von Bodenpflanzen sein.
Hinweis: Diese heimische Art wird besonders als junge Pflanze gern von Schlammschnecken angefressen.

Großblumige Teichmummel
Nuphar polysepala

↓ −40 −100 ✿ 5–7 **R**

Wuchs: Die armdicken am Boden liegenden Triebe können jährlich bis zu 80 cm lang werden.
Blatt: Schwimmblätter oval bis herzförmig, bis zu 25 cm groß. Bei flachem Wasserstand werden lederartige, herzförmige Blätter bis zu 25 cm Größe gebildet, die bis zu 40 cm über dem Wasser stehen können. Diese Art hat keine Unterwasserblätter.
Blüte: Große, schalen- bis ballförmige Blüten mit bis zu neun gelben Kelchblättern, die den Fruchtknoten und die kleinen, schmalen Blütenblätter umschließen. Mit etwa 10 cm Durchmesser hat sie die größte Blüte aller Teichmummeln.
Verwendung: Die auch lichten Schatten vertragende Art pflanzen wir nur in große, tiefe Teiche ab 30 m^2 Wasserfläche, denn sie muss sich ausbreiten können. Bei mittelgroßen Teichen setzen wir sie in große, 30–40 cm tiefe Gefäße mit einem Durchmesser von etwa 1 m, die auf den Teichboden gestellt werden. Das Substrat sollte nährstoffreich sein und mit einer Sand-

Froschbiss

Großblumige Teichmummel

Seekanne

schicht abgedeckt werden. Hier können sie einige Jahre stehen, bevor sie aufgenommen und geteilt werden müssen.

Hinweis: Teichmummeln sind in der nördlichen Hemisphäre verbreitet. Diese aus Nordamerika stammende Art kann sich an zusagenden Standorten durch Selbstaussaat vermehren. Sie ist im Handel noch kaum verbreitet. Weitere im Handel befindliche Arten haben praktisch keinen Gartenwert.

Zwergmummel, Zwergteichrose
Nuphar pumila

$\downarrow^{-40}_{-80}$ ✿ 6–8 **V**

Wuchs: Die Zwergmummel ist die am schwächsten wachsende Teichmummel-Art. Sie hat ein im Grund wurzelndes, verzweigtes Rhizom, das sich nur langsam ausbreitet.

Blatt: Neben den länglichen bis runden, seerosenartigen Schwimmblättern werden im Sommer an den auf dem Boden liegenden Triebspitzen salatblattartige Unterwasserblätter gebildet, die den Winter über erhalten bleiben und so sauerstoffanreichernd wirken. Diese Unterwasserblätter werden von allen europäischen Arten gebildet.

Blüte: Klein, kugelig, mit nur 3 cm Durchmesser, gelb, über dem Wasser stehend.

Verwendung: In nicht zu kleine Teiche (ab 20 m^2), wo sie sich langsam ausbreiten kann. Lässt sich gut mit Hechtkraut kombinieren. In kleinen Teichen kann man beide in ein nicht zu kleines Gefäß setzen.

Hinweis: Eine vom Norden Ostdeutschlands bis ganz Nordosteuropa und Asien verbreitete Art, die kein allzu hartes Wasser wünscht. Steht in Deutschland unter Naturschutz! Kann sich im Gartenteich versamen.

Seekanne
Nymphoides peltata

$\downarrow^{-30}_{-60}$ ✿ 6–8 **V**

Wuchs: Anfangs horstig, werden bald lange, im Uferboden wurzelnde Rhizome gebildet, die bei tieferem Wasserstand aufschwimmen. Die Seekanne kann schnell größere Wasserflächen bedecken und wächst vom Ufer bis weit in den Teich. Bei kleineren Teichen muss man die der Teichmitte zustrebenden, aufschwimmenden Triebe öfters zurückschneiden.

Blatt: Die dunkelgrünen, runden, seerosenartig eingeschnittenen Blätter schwimmen an mehr oder weniger langen, dünnen Stielen, die aus dem am Boden kriechenden Rhizom treiben. Je nach Standort mit Durchmessern von 3–8 cm. Es gibt Formen mit leicht gewelltem Rand oder auffallender, brauner Zeichnung. Außerhalb des Wassers sind die Blätter etwas kleiner, von festerer Substanz und glänzend grün.

Blüte: Sternförmige, kräftig gelbe Blüten, die auf Stielen etwas über dem Wasser stehen.

Verwendung: Zur Besiedlung flacher Uferzonen und zwischen robusteren Pflanzen wie dem Gelbbunten Schilf oder der Teichsimse bei größeren Teichen. Auf der Uferzone oberhalb des Wasserspiegels wächst sie als kompakte, Ausläufer treibende Staude.

Hinweis: Dient dem unbeliebten Seerosenzünzler oder dessen nahen Verwandten ebenso als Wirt wie die Teichmummel.

Wasserknöterich
Polygonum amphibium

+10 / −100 ✿ 6–8 **R**

Wuchs: Aus dem kriechenden Rhizom steigen Triebe vom Bodengrund auf, verzweigen sich an der Wasseroberfläche und bilden Schwimmblätter und Blüten. In Ufernähe kriecht das Rhizom unterirdisch und kann sehr lästige, verdrängende Bestände bilden.
Blatt: Die Schwimmblätter an langen Stielen sind lang gezogen spitz-oval, mit fester Oberfläche. Bei der Landform sind die Blätter spitz-lanzettlich, am Stielansatz gerundet und leicht behaart.
Blüte: Der ährige Blütenstand ist sehr auffallend, steht bis 10 cm über der Wasserfläche, ist etwa 1 cm dick und wirkt rosa.
Verwendung: Beim Pflanzen darauf achten, dass dieser Knöterich nur in größeren Teichen und so weit vom Ufer entfernt platziert wird, dass er nicht ins Ufer wachsen kann. Wir können ihn einzeln setzen oder als Begleitung der Zwergmummel. Im Uferbereich ist er nur mit sehr durchsetzungsstarken Einzelgängern zu verwenden.
Hinweis: Heimische Staude, die auf Wiesen und in Gewässern verbreitet ist. Die Landform, ein typisches Ackerunkraut auf schwereren Böden und Bestandteil fetter und feuchter Wiesen, blüht ähnlich, jedoch nicht so auffallend.

Schwimmender Wasser-Hahnenfuß
Ranunculus aquatilis

±0 / −120 ✿ 5–8 **R**

Wuchs: Lange, schwimmende oder am Grund wurzelnde Triebe, die im flacheren Wasser sehr verdrängend sein können.
Blatt: Die Unterwasserblätter sind fein gefiedert, weich und fallen außerhalb des Wassers zusammen. Bevor der Wasser-Hahnenfuß Blüten treibt, werden jeweils zwei rundliche, dreilappige Schwimmblätter gebildet.
Blüte: Fünf weiße Blütenblätter stehen an kurzen Stielen über dem Wasser.
Verwendung: In tiefere, nicht zu kleine Teiche als Sauerstoffspen-

Wasserknöterich

Schwimmender Wasser-Hahnenfuß

Krebsschere

Wassernuss

der und zur Wasserklärung oder in den Uferbereich zwischen robustere Pflanzen wie Binsen oder Hechtkraut, von wo er aber oft weitere Uferbereiche überwuchert.
Hinweis: Da auch kleinste Triebspitzen, die irgendwo abbrechen und sich dort, wo sie angetrieben werden, wieder bewurzeln, kann sich im Gartenteich bald eine Art Monokultur entwickeln. Ähnlich ist ***R. circinatus,*** der keine Schwimmblätter bildet, aber die gleiche Blüte hat.

Krebsschere, Wasseraloe
Stratiotes aloides

⬇ ±0 / −100 ✿ 5–6 V

Wuchs: Junge Blattrosetten leben untergetaucht und bilden an langen Ausläufern Tochterrosetten. Blühfähige Pflanzen treiben Wurzeln, mit deren Hilfe sie sich mindestens zwei Drittel aus dem Wasser heben. In sehr flachem Wasser steht die Pflanze ganzjährig über dem Wasser und kann dann sehr verdrängend sein.
Blatt: Die Blätter stehen in einer Rosette zusammen, sind dunkelgrün und färben sich über Wasser zur Mitte hin bräunlich. Die schwertförmigen Blätter können bis zu 25 cm lang und 2,5 cm breit werden und haben einen stachligen Rand.
Blüte: Weiß mit drei grünen Kelch- und drei weißen Blütenblättern, die bei weiblichen Blüten einzeln oder bei männlichen zu mehreren auf kurzen Stielchen in der Mitte der Blattrosette stehen.
Verwendung: Als interessante Pflanze im Sichtbereich hat sie unter wie über Wasser die gute Eigenschaft, sich gegen bedrängende Arten durchzusetzen.
Hinweis: Diese heimische Art ist stellenweise noch zu finden und steht unter strengem Naturschutz. Junge Pflanzen werden gelegentlich von Schnecken angefressen. Da diese Art zweihäusig ist und nur über Ableger vermehrt wird, finden wir in den Kulturen meist nur männliche oder nur weibliche Pflanzen.

Wassernuss
Trapa natans

⬇ −60 / −300 ✿ 7–8 V

Wuchs: Aus der am Grund liegenden Nuss treibt ein langer mit wurzelartigen Blättern besetzter Trieb, der an der Oberfläche eine ornamentale Blattrosette bildet. Die einjährige Pflanze stirbt im Herbst ab, wobei die Früchte zu Boden sinken.
Blatt: Schwimmblätter: An einem aufgeblasenen Stiel, der dem Auftrieb dient, stehen

fächer- bis rautenförmige Blätter in einer Rosette zusammen. Die kräftig grünen Blätter bekommen im Herbst eine leuchtend rote Herbstfärbung.

Blüte: Klein, weiß, nicht sehr auffallend. Die hartschaligen, kantigen Früchte sind bis 2 cm groß und haben 2–4 Dornen.

Verwendung: In kalkarmen, stehenden und sommerwarmen Gewässern als interessante Pflanze.

Hinweis: Die Früchte dieser heimischen Art sind essbar und werden auch von Enten gern gefressen. Die aus den Tropen eingeführten Wassernüsse setzen hier keine Früchte an. Ein Verpflanzen ist nur als Nuss erfolgreich. In Deutschland ist die heimische Form geschützt.

Unterwasserpflanzen der Seerosenzone

Diese Arten bleiben unter Wasser, nehmen das Kohlendioxid über ihre Blätter aus dem Wasser auf und geben den Sauerstoff auch ins Wasser ab. Sie sind meist gute Sauerstoffspender und daher auch wichtig für einen gesunden Gartenteich, denn mit diesem Sauerstoff können die Bakterien des Wassers Pflanzenreste in Nährsalze aufspalten.

Hornkraut
Ceratophyllum demersum

⬇ ±0 –100 ✿ 6–9 V

Wuchs: Diese frei schwimmende Unterwasserpflanze bildet lange, verzweigte Triebe, die frei im Wasser schwimmen oder sich im Schlamm mit den Blättern verankern. Im Herbst werden etwa 3 cm lange, kompakte Winterknospen gebildet, während die restlichen Pflanzenteile absterben.

Blatt: Fein nadelartig, zwei- bis dreifach gegabelt, in Quirlen stehend. In kalkhaltigen Gewässern oft mit Kalkkristallen überzogen.

Blüte: Männliche und weibliche Blüten sind getrennt und unscheinbar.

Verwendung: Wir werfen sie als Sauerstoff spendende, gut das Wasser klärende und Nährstoffe entziehende Pflanze in den Teich, wo sie eine Weile schwimmt, bevor sie auf den Boden sinkt. Um sie an einem bestimmten Punkt anzusiedeln, können wir sie mit dem Triebende ins Substrat drücken. Hornkraut hat auch eine gewisse Wirkung gegen Fadenalgen und Wasserpest.

Hinweis: Heimisch. Um dem Wasser Nährstoffe zu entziehen, kann man zu große Bestände im Sommer abfischen.

Hornkraut vermehrt sich nicht nur gut, sondern sollte wegen seiner wasserverbessernden Wirkung in keinem Teich fehlen.

Nadelkraut
Crassula recurva

+10 / −100 ✿ 7–9 V

Wuchs: Am Boden wurzelnde Unterwasserpflanzen, die rasenartig wachsen und bis 30 cm hoch werden. In der Uferzone über dem Wasser erreichen sie nur 10 cm.
Blatt: Die paarweise kreuzständig stehenden Blätter sind nadelartig bis 1 mm dick. Unter Wasser werden sie bis 3 cm lang und bleiben weicher. Die Überwasserblätter sind etwas fester und werden nur etwa 1 cm lang.
Blüte: Die kleinen, 2–3 mm großen weißen Blütchen stehen einzeln in den Blattachseln; sie erscheinen nur auf der Landform.
Verwendung: Mit dem Nadelkraut kann man in der Uferzone den Übergang zum Wasser festigen. Ferner verwenden wir es als guten Sauerstoffspender und zum Binden von Bodenschlamm. Auch bietet es ein gutes Versteck für Jungfische, Insekten und Kleintiere.
Hinweis: Da diese Pflanze aus Australien kommt, ist sie bei uns nur unter Wasser winterhart, kann aber nach dem Winter immer wieder ins Ufer wandern.

Wasserpest
Elodea canadensis

−10 / −120 ✿ 6–8 R

Wuchs: Wie der Name schon erwarten lässt, ist diese sehr starkwüchsige, am Boden wurzelnde Unterwasserpflanze besonders in kalkhaltigem und nährstoffreichem Wasser kaum zu bändigen. Nur knapp 1 cm große Triebstücke können sich bewurzeln und in kürzester Zeit wieder große Pflanzen bilden.
Blatt: Spatelförmige Blätter von 2 mm Breite und bis 10 mm Länge stehen in Wirbeln um den Trieb.
Blüte: Es gibt bei uns nur weibliche Pflanzen mit kleinen weißen Blütchen, die an fadenartigen Stielen zur Wasseroberfläche aufschwimmen.
Verwendung: Als guter Sauerstoffspender und Nährstoffsammler in Teichen mit hohem pH-Wert. Bei sehr hohem Nährstoffgehalt kann der Bestand wegen seiner Wuchskraft so dicht werden, dass Fische nicht mehr schwimmen können.
Hinweis: Die Wasserpest wurde aus Kanada eingeschleppt und ist jetzt weit verbreitet. Die Bekämpfung oder gar Entfernung ist sehr schwierig. Das sicherste Mittel ist die Absenkung des pH-Wertes und der Nährstoffversorgung durch Entfernen jeglichen Kalkmaterials im Ufer und auf dem Bodengrund sowie die Zuführung von Regenwasser.

Wasserpest

Tausendblatt
Myriophyllum spicatum

-10 / -120 ✿ 7–8 V

Wuchs: Am Boden wurzelnde, ziemlich verträgliche Unterwasserpflanze mit bis zu 2 m langen Trieben.

Blatt: Sehr feinfiedrige, kammartig zu beiden Seiten der Mittelrippe angeordnete Fiederblättchen, die zu vier Blättern im Quirl zusammenstehen.

Blüte: Eine rosa Ähre, die bis 15 cm über dem Wasser steht. Die kleinen Blüten sitzen in vierzähligen Quirlen vereinigt.

Verwendung: Als guter Sauerstoffspender in mehr kalkarmem Wasser.

Hinweis: Neben dieser heimischen und wintergrünen Art finden wir noch das ähnliche ***M. verticillatum*** mit kürzeren Trieben und 8 cm langen, unbewurzelten Winterknospen. Diese Art verträgt auch kalkhaltiges Wasser.

Krauses Laichkraut
Potamogeton crispus

-10 / -120 ✿ 5–9 V

Wuchs: Aus dem am Boden wurzelnden Rhizom steigen vierkantige, sehr zerbrechliche Stängel auf, die wechselständig mit Blättern besetzt sind. Diese Art kann in nährstoffhaltigem Wasser große Bestände bilden.

Blatt: Längliche, bis 5 cm lange und 1 cm breite Blätter mit abgerundeten Enden und gewelltem, unregelmäßigem Rand. Blätter, Stiele und Stängel sind oft rötlich gefärbt.

Blüte: Die kleine rote Ähre steht über dem Wasser.

Verwendung: In größeren nährstoffreichen Teichen als Sauerstoffspender und zur Wasserklärung.

Hinweis: Die heimische Pflanze bildet Winterknospen und ist für saures Wasser weniger geeignet.

Tausendblatt

Krauses Laichkraut

Pflanzen für die Flachwasserzone

In dieser Zone sind viele der robusten und verdrängenden Arten zu Hause. Sie sollten, wenn sie aus optischen Gründen im Gartenteich erwünscht sind, nur in große Kübel gepflanzt und im tiefen Uferbereich versenkt werden.

Gemeiner Froschlöffel
Alisma plantago-aquatica

⬇ ±0 / −30 ⬆ 50–120 ✿ 6–9 **F**

Wuchs: Es wird ein dekorativer Blatthorst mit darüber stehendem Blütenstand gebildet.

Gemeiner Froschlöffel

Die Blumenbinse ist ein auffallender Blüher mit guter Fernwirkung.

Blatt: Das lang gestielte Blatt ist spitz-oval mit einem leicht eingezogenen Ansatz, Breite bis 10 cm, Länge bis 25 cm. Bei tieferem Wasserstand werden anfangs Schwimmblätter gebildet.
Blüte: Der mehrmals dreifach verzweigte Blütenstand wirkt sehr locker und filigran. Am Ende der letzten Verzweigung sitzen kleine, dreiblättrige, weiße Blütchen von 5 mm Durchmesser. Die Blüten öffnen meist erst gegen Mittag. Der Blütenstand kann bis zu 120 cm Höhe erreichen.
Verwendung: Als dekorative Einzelstaude im Uferbereich.
Hinweis: Der Blütenstand sollte bei Beginn der Samenreife abgeschnitten werden, wenn eine massenhafte Selbstaussaat unerwünscht ist. Bei eventuellem Rostbefall kann die Pflanze zurückgeschnitten und zu einem gesunden Neuaustrieb gebracht werden.

Blumenbinse
Butomus umbellatus

−10 / −40 80–100 6–8 V

Wuchs: Aus einem kurzen, weißen, im Boden liegenden Rhizom treiben die einzeln stehenden Blätter, die der Pflanze einen lockeren Wuchs verleihen.
Blatt: Die Blätter sind grasartig, 1 cm breit und bis 1 m lang.
Blüte: Die rosavioletten Sternblüten aus sechs Blütenblättern stehen auf dünnen Stielen zu einer Art Dolde zusammen, die auf einem bis 70 cm langen Stängel das Wasser überragt.
Verwendung: Im Uferbereich zusammen mit Fieberklee oder Froschbiss.
Hinweis: Farblich weit auffallender sind die beiden Namen-Sorten 'Schneeweißchen', fast weiß, und 'Rosenrot', dunkelrosa.

Wasserstern
Callitriche palustris

±0 / −40 0,5–1 V

Wuchs: Polsterförmige Unterwasserpflanze, die im Frühjahr lange Triebe zur Wasseroberfläche treibt.
Blatt: Kleine, rundliche, wintergrüne Blättchen, 2 x 3 mm, die beim Erreichen der Wasserfläche in einer etwa 1–2,5 cm großen sternartigen Rosette zusammenstehen.
Blüte: Unauffällig.
Verwendung: In klaren und nicht zu warmen Teichen und langsam fließenden Gewässern.
Hinweis: Heimische Art. Es gibt viele weitere Arten, die sehr ähnlich und schlecht voneinander zu unterscheiden sind.

Langes Zypergras
Cyperus longus

−10 / −30 70–120 7–9 R

Wuchs: Ein langsam wachsendes Rhizom mit dichtem Blattwuchs. Anfangs horstig wirkend, kann sich diese Art langsam zu einem dichten, undurchdringlichen Bestand ausbilden.
Blatt: Die Blätter sind kaum 1 cm breit und kürzer als der Blütenstiel.
Blüte: Braune Ährchen sitzen an bis zu 10 cm langen Spirren, die bis zu zehnt zusammenstehen können und von mehreren bis zu 30 cm langen Hochblättern getragen werden. Das unterste Hochblatt kann jedoch bis zu 60 cm lang werden.
Verwendung: Ein sehr dekoratives Gras, das sich besonders für größere Gartenteiche und Uferzonen eignet. Bei kleineren Anlagen ist eine Kübelpflanzung zu empfehlen.
Hinweis: War früher in warmen Gegenden Deutschlands zu finden, jetzt aber nur noch im Mittelmeerraum.

Wasserstern

Wasserschwaden 'Variegata'

Tannenwedel

Wasserschwaden
***Glyceria maxima* 'Variegata'**

↓ ±0 / −30 ↑ 60–100 ✿ 7–9 **R/E**

Wuchs: Ab einer Wassertiefe von 40 cm wächst diese Art absolut horstig, bei flachem Stand jedoch ist sie sehr stark Ausläufer treibend und bildet große geschlossene Bestände im Ufersaum.
Blatt: Das Blatt ist weiß/grün längs gestreift, 1–1,5 cm breit und bis zu 60 cm lang.
Blüte: Eine endständige braune Rispe.
Verwendung: Dieses dekorative weißbunte Gras wird am besten im Kübel gehalten, wenn es nicht auf mindestens 40 cm Wassertiefe gepflanzt werden kann.
Hinweis: Die grüne Form ist in Mitteleuropa an Gräben und Seen heimisch und eine gute Repositionspflanze.

Tannenwedel
Hippuris vulgaris

↓ −10 / −30 ↑ 30–40 **V**

Wuchs: Aus einem kriechenden, im Grund wurzelnden Rhizom steigen die beblätterten Triebe auf. Bildet bisweilen größere, lockere Bestände im Uferbereich. Ab 40 cm Wassertiefe werden keine Überwassertriebe mehr gebildet.
Blatt: Steife, nadelartige, 2 cm lange und 2 mm breite Blätter stehen zu sechs und mehr in dicht übereinander stehenden Quirlen um den runden Stängel. Von 10 cm Wassertiefe abwärts werden weiche Unterwasserblätter gebildet, die flach, 3 mm breit und bis 3 cm lang sind.
Blüte: Unauffällig.
Verwendung: Die im kleinen Bestand stehenden Pflanzen sind sehr ansprechend. Sie eignen sich besonders gut zur Ansiedlung am schmalen Betrachterufer. Am Pflanzufer kann sich der Tannenwedel zu dichten, aber reizvollen Beständen entwickeln. Bei sehr kleinen Anlagen ist eine Pflanzung in Kübel ratsam.
Hinweis: Heimische Art, die an Gräben und Seeufern verbreitet ist. Gelegentlich werden die Pflanzen von einer Made befallen, die durch einen Rückschnitt bis zur Wasseroberfläche und Entfernen des Krautes bekämpft werden kann. Repositionspflanze.

Wasserfeder
Hottonia palustris

↓ ±0 / −30 ↑ 0–20 ✿ 5–6 **V**

Wuchs: Der kurze, dünne und kriechende oder schwimmende Trieb bildet unterseits Wurzeln, mit denen sich die Pflanze im

Die Wasserfeder liebt kühlen Halbschatten.

Gelbe Schwertlilien sind dekorativ und fruchtbar.

Boden verankert. Bei flachem Wasserstand bildet die Pflanze dichte ineinander verwachsene Polster.

Blatt: Die fein gefiederten Blättchen stehen in Quirlen um die Triebe.

Blüte: An einem bis 15 cm hohen Blütenstiel zeigen sich 1,5 cm große, zartrosa bis weiße Trichterblüten in locker übereinander stehenden Quirlen.

Verwendung: Eine der schönsten Sumpfpflanzen in flachen Uferzonen mit schlammigem Untergrund und in eher schattiger Lage. Diese Art sollte möglichst ohne Konkurrenz stehen, da sie nicht sehr durchsetzungsstark ist.

Hinweis: Kalkhaltiges Wasser wird nicht gut vertragen. Eignet sich auch für das Moorbiotop und den Mini-Wassergarten.

Gelbe Schwertlilie
Iris pseudacorus

+15 / −30 · 80–120 · 5–6 **F**

Wuchs: Aus einem kurzen Rhizom bilden sich mit den Jahren dekorative Horste.

Blatt: Die schwertartigen Blätter steigen vom Boden auf und werden auf nahrhaften Böden bis 80 cm lang. Sie sind bis 3 cm breit und laufen spitz zu.

Blüte: Die leuchtend gelben, typischen Irisblüten stehen zu zwei bis drei übereinander, meist etwas über dem Laub, und blühen nacheinander auf.

Verwendung: Die einzige Schwertlilie, die einerseits Wasserstände bis 30 cm gut verträgt und andererseits auch mit normalem Gartenboden zufrieden ist, sofern er nicht zu leicht ist. Geeignet als auffallende Solitärstaude für sämtliche Bereiche an und um den Gartenteich.

Hinweis: Da die Art reichlich Samen bildet, der fast überall keimt, sollten die Fruchtstände nach der Blüte abgeschnitten werden. Neben der normalgelben Form gibt es auch viele andere Gelb- und Weißtöne. Gute Repositionspflanze.

Spiralbinse

Strauß-Felberich

Spiralbinse, Gedrehte Flatterbinse *Juncus effusus* 'Spiralis'

↓ −5 −10 ↑ 30–50 ✿ 6–7 **E/V**

Wuchs: Horstig mit wenig Ausdehnungsdrang.

Blatt: Die einzelnen grundständigen und im Querschnitt runden Blätter sind mehr oder weniger gedreht. Einzelne Blätter können wie eine Spiralfeder zusammengedreht oder nur wie ein leicht gedrehtes S geformt sein – alles an der gleichen Pflanze.

Blüte: Unscheinbare braune Köpfchen.

Verwendung: Wegen des eigenartigen Wuchses gehört sie in den näheren Sichtbereich. Wenn es geht, pflanzen wir die Spiralbinse in das Betrachterufer zu *Lysimachia nummularia* 'Aurea'.

Hinweis: Die kleinere Schwester ***J. conglomeratus* 'Spiralis'** ist in allen Teilen kleiner und feiner, hat aber den Nachteil, dass sie sich sehr schnell durch Selbstaussaat verbreitet.

Strauß-Felberich *Lysimachia thyrsiflora*

↓ +10 −20 ↑ 30–50 ✿ 6–8 **V**

Wuchs: Eine Staude mit kriechendem Rhizom, die ziemlich weit wandert. Die Blütenstängel sind beblättert.

Blatt: Die schmalen, lanzettlichen Blätter stehen in Quirlen.

Blüte: Ab der Mitte bis kurz unter die Spitze der Blütentriebe erscheinen in den Blattachseln auf dünnen Stielen kleine, gelbe Blütentrauben.

Verwendung: Im flachen Wasser bildet der Strauß-Felberich sehr lockere Bestände, die von Fieberklee oder Froschbiss durchwachsen werden können.

Hinweis: Bei kleinen Teichen kann in Eimer gepflanzt werden.

Papageienfeder *Myriophyllum aquaticum*

↓ −30 −50 ↑ 3–8 **V**

Wuchs: Die beblätterten Stängel steigen vom Grund auf, können bis 1 m lang werden und bilden dann auf dem Wasser liegend die auffallend silbrigen Blattpolster, die bis 8 cm hoch werden können.

Blatt: Die Unterwasserblätter sind hellgrün, gefiedert und stehen in Quirlen um den Stängel. Die Überwasserblätter sind grün mit einem silbrigen Schimmer durch feinste Behaarung, die auch das Wasser abweist. Blättchen kammartig fein gefiedert und zu fünf und mehr um den Stängel stehend.

Blüte: Unauffällig und wird hier nicht ausgebildet.

Goldkolben

Gelbbuntes Schilf

Verwendung: Als interessante Schwimmblattpflanze der Flachwasserzone in möglichst sonnenwarmen Teichbereichen.
Hinweis: Die Papageienfeder kommt aus Argentinien und den Nachbarstaaten und ist daher nicht winterhart. Sie muss in frostfreien Tiefen gepflanzt werden.

Goldkolben
Orontium aquaticum

⬇ −20 / −50 ⬆ 20–30 ✿ 5–6 **E**

Wuchs: Kleine Horste bildende Art.
Blatt: Die Blätter sind breitlanzettlich, bis 20 cm lang und bis 8 cm breit, kräftig grün und leicht silbrig überhaucht. Sie schwimmen bei Wasserständen ab 30–40 cm auf dem Wasser, sonst stehen sie aufrecht über dem Wasser.
Blüte: Ein leuchtend gelber, 5 cm langer Kolben sitzt auf einem weißen, oben verdickten Stiel wenige Zentimeter über der Wasserfläche. Die erbsengroßen Früchte schwimmen eine gewisse Zeit auf dem Wasser, ehe sie untergehen.
Verwendung: Nur in tiefgründigem Boden. Besonders im Frühjahr sind die Pflanzen sehr wirkungsvoll.
Hinweis: Sollten im Winter immer unter Wasser geschützt stehen.

Gelbbuntes Schilf
***Phragmites australis* 'Variegata'**

⬇ ±0 / −50 ⬆ 150–200 ✿ 8–11 **R**

Wuchs: Die Ausläufer dieser etwas schwächer wachsenden Art können eine Länge bis zu 1 m erreichen und bis 1 m tief in den Untergrund wachsen.
Blatt: Die Blätter stehen an den Knoten über den ganzen Stängel verteilt, sind an der Basis bis 2 cm breit, spitz zulaufend und bis zu 30 cm lang.
Blüte: Die braunrote, bis 15 cm lange Blütenrispe bleibt bis ins Frühjahr erhalten.
Verwendung: Nur für den größeren Gartenteich geeignete Sor-

Hechtkraut sollte 30 cm tief im Wasser stehen, damit es nicht auswintert.

te. Wer diese Pflanzen für den normalen Gartenteich wünscht, sollte sie in geschlossene Behälter ohne (!) Seiten- und Bodenlöcher pflanzen.

Hinweis: Diese Sorte wächst am schwächsten von allen Schilf-Arten.

Phragmites australis ist die Wildart, deren unterirdische Triebe in einem Jahr eine Länge von 4 m und mehr erreichen können und die bis 3 m hoch wird. Daraus ergibt sich, dass diese Art nur in der freien Natur an Ufern von Seen und Flüssen gepflanzt werden kann. Sie ist eine sehr gute Repositionspflanze und zur Uferbefestigung geeignet.

P. australis **subsp.** ***pseudodonax*** ist ein sehr dekoratives und auffallendes, riesenwüchsiges Schilf, das in südlichen Zonen 8–10 m errreicht. Bei uns wird es selten höher als 4 m. Man kann es nur in großen Teichen oder an Seeufern anpflanzen. Wer den Teich des Hausgartens damit schmücken will, muss es in geschlossene Kübel oder Tonnen pflanzen. Bei solch einer Gefäßpflanzung muss gut gedüngt und regelmäßig verjüngt werden.

Hechtkraut
Pontederia cordata

↓ −40 / −80 ↑ 60–80 ✿ 6–9 **R/E**

Wuchs: Eine horstbildende Art, mit kurzen Trieben, die sich nach einigen Jahren zu einem lockeren Bestand wandeln.

Blatt: Vom Grund aufsteigend bis 80 cm über das Wasser. Die Blattspreite ist länglich-herzförmig, etwa 20 cm lang und 8 cm breit.

Blüte: Eine 6–8 cm lange Blütenähre aus 1 cm großen blauen Blütchen sitzt auf einem Stängel mit einem Hochblatt. Es gibt auch Formen mit weißen oder rosa Blüten.

Verwendung: Zusammen mit schwach wachsenden Seerosen wie ‘Walter Pagels’ oder ‘Gretchen’ oder mit der Zwergmummel ergeben sich stabile Pflanzengemeinschaften.

Hinweis: Für kleine Gartenteiche lassen sich obige Kombinationen in größeren Gefäßen begrenzen. Die Winterhärte ist absolut ausreichend, wenn die Pflanztiefe von 40 cm oder mehr eingehalten wird. ***P. lanceolata*** hat lanzettliche Blätter und wirkt etwas robuster als die vorherige Art. Beheimatet in den mittleren und südlichen Staaten der USA, muss das Hechtkraut in frostfreie Wassertiefen gepflanzt werden.

Zungen-Hahnenfuß

Zebrasimse

Zungen-Hahnenfuß
Ranunculus lingua

−10 / −40 ⬆ 40–80 ✿ 6–7 R

Wuchs: Das fingerdicke Rhizom kann bis zu 1 m lang werden, entsprechend stark ist die Ausdehnung.
Blatt: Die Blätter an Rhizom und Stängel sind kurz gestielt und spitz-lanzettlich.
Blüte: Schöne gelbe Schalenblüten bis zu 3,5 cm Durchmesser in einem mehrblütigen Blütenstand.
Verwendung: Nur in größeren Teichen in der Uferzone zusammen mit Binsen oder Fieberklee. In kleineren Teichen wird die Kübelpflanzung empfohlen.
Hinweis: Gelegentlich sind auch großblumigere oder gefüllt blühende Varianten im Handel zu bekommen. Gute Repositionspflanze.

Gestreifte Teichsimse
***Schoenoplectus lacustris* 'Albescens'**

−10 / −80 ⬆ 100–150 ✿ 7–9 R

Wuchs: Rhizomtreibende, etwas schwächer wachsende Form der einfachen Teichsimse.
Blatt: Der runde, hellgrüne Halm hat weiße Längsstreifen, wird 150–200 cm hoch und hängt leicht über.
Blüte: Die kleinen braunen, endständigen Ährchen stehen in Büscheln zusammen.
Verwendung: Zusammen mit dunkelgrünen Pflanzen wie Fieberklee.
Hinweis: Obwohl sie etwas schwächer wächst als die Art, sollte auch diese Form im kleineren Gartenteich stets in einen Kübel gepflanzt werden.

Zebrasimse
***Schoenoplectus tabernaemontani* 'Zebrinus'**

±0 / −70 ⬆ 100–120 ✿ 7–9 R

Wuchs: Rhizombildende Art, jedoch weniger stark wuchernd.
Blatt: Der runde Halm steht aufrecht und ist grün-weiß quer gestreift. Die chlorophyllarmen weißen Querstreifen haben ein weicheres Gewebe, sodass sie bei stärkerem Wind an diesen Stellen öfters abknicken, was den guten Eindruck der Pflanze etwas stört.
Blüte: Die keinen braunen Blütenährchen stehen in Büscheln zusammen.
Verwendung: Zur Aufhellung und Belebung dunkler Partien oder zwischen Hechtkraut und Blauer Gauklerblume pflanzen.
Hinweis: In kleineren Teichen sollte die Zebrasimse im Kübel gepflanzt werden.

Laxmanns Rohrkolben

Grauer Rohrkolben

Breitblättriger Rohrkolben
***Typha latifolia* 'Variegata'**

↓ +10 −20 ↑ 150–200 **R**

Wuchs: Bildet lange Rhizome, die Uferbereiche geschlossen besiedeln können.
Blatt: Die Blätter werden 2–4 cm breit und etwa 100 cm lang und haben wie der Stängel weiße Längsstreifen.
Blüte: Der schwarzbraune Kolben wird 2,5 cm dick und 15–20 cm lang.
Verwendung: Obwohl diese Form etwas schwächer wächst als die reine Art, sollte sie im Gartenteich nur im Kübel wachsen.
Hinweis: Zum Schutz vor einer Selbstversamung müssen die Kolben rechtzeitig abgeschnitten werden. Der einfache ***T. latifolia*** ist eine gute Repositionspflanze.

Laxmanns Rohrkolben
Typha laxmannii

↓ ±0 −30 ↑ 100–120 ✿ 7–9 **E**

Wuchs: Deutlich schwächer wachsende Rhizome als die vorigen Arten mit jährlichen Zuwächsen von etwa 20 cm.
Blatt: Die Blätter werden höher als der Blütenkolben und sind nur 5 mm breit.
Blüte: Der nur etwa 8 cm lange, braune Kolben ist 2,5 cm dick und am oberen Ende leicht zugespitzt.
Verwendung: Diese grazile Art kann in größeren Teichen ausgepflanzt werden. Bei kleineren Teichen sollte er im Kübel stehen.
Hinweis: Eigentlich sollte nur diese und die folgende Art für den Gartenteich angeboten werden. Gute Repositionspflanze.

Grauer Rohrkolben
Typha shuttleworthii

↓ ±0 −30 ↑ 120–150 ✿ 7–9 **E**

Wuchs: Weniger stark wachsend, mit etwa 30 cm Zuwachs pro Jahr.
Blatt: Die bis 2 cm breiten Blätter können höher als der Blütenkolben werden.
Blüte: Der 2,5 cm dicke Kolben wird nur 10–12 cm lang und ist in der Reife hell graubraun gefärbt.
Verwendung: Kann in größeren naturhaften Teichen ausgepflanzt werden. Versamt sich leicht.
Hinweis: Alle Rohrkolben können sich untereinander befruchten, sodass es zwischen den Arten auch Hybriden gibt. Gute Repositionspflanze.

Pflanzen für die Sumpf- und Feuchtzone

In diesen beiden Bereichen, die einen großen Teil jedes Teiches einnehmen, finden wir eine besonders große Vielfalt an sehr reich und schön blühenden Staudenarten. Fast alle sind sehr tolerant, was den Standort angeht, denn sie müssen sich in der Natur oft den wechselnden Wasserständen anpassen. So können viele dieser Arten bis in die Flachwasserzone hinein wandern. Andere Arten gedeihen auch noch im normalen Gartenboden, sodass mit ihnen die Pflanzung außerhalb der Kapillarsperre weitergeführt werden kann.

Niedrige Sumpf-Schafgarbe
Achillea ptarmica
'Nana Compacta'

↓ <5 cm ↑ 25–30 ✿ 6–7 **V**

Wuchs: Sehr schöne, kompakt wachsende Art. An aufrechten, dicht beblätterten Stängeln stehen doldenförmige Blütenstände.
Blatt: Die ungefiederten Blätter sind lanzettlich mit einem fein gesägten Rand.
Blüte: Der doldige Blütenstand besteht aus vielen, etwa 1,5 cm großen, weißen Blüten.
Verwendung: An nicht zu mageren, feuchten Standorten in kleiner Gruppe mit Rutenweiderich, *Lythrum virgatum.*
Hinweis: Dort wo sie sich ausbreiten kann, lässt sich auch die etwas später blühende, 40–70 cm hohe gefüllt blühende Sumpf-Schafgarbe, *Achillea ptarmica* 'Perle' verwenden, die aber bis zu 25 cm lange Ausläufer bildet.

Bunter Kalmus
***Acorus calamus* 'Variegatus'**

↓ +10 –20 ↑ 60–80 ✿ 7–9 **E**

Wuchs: Das Rhizom bildet im Jahr etwa 15 cm lange Triebe, die sich nur wenig verzweigen, sodass nach einigen Jahren ein lockerer und verträglicher Bestand entsteht. Bei guter Nährstoffversorgung kann der Bestand dichter und weniger verträglich werden.
Blatt: Die schwertförmigen Blätter entspringen dem Rhizom und ähneln denen der Sumpf-Schwertlilie, unterscheiden sich aber von ihr durch den angenehmen Geruch, den sie bei Verletzungen abgeben.
Blüte: Ein aus dem blattartigen Stängel herausstehender 10 cm langer grünlicher Kolben, der sich zu Braun verfärbt und keinen Samen ansetzt.

Niedrige Sumpfschafgarbe

Weißbunter Kalmus

Verwendung: Als dekorative Staude und zur Aufhellung dunkler Partien.
Hinweis: Die aromatischen Rhizome der grünen Wildform werden für Kräuterliköre verwendet. Die Wildform wird als gute Repositionspflanze empfohlen.

Gras-Kalmus
***Acorus gramineus* 'Variegatus'**

-5 / -20 | 25–30 **E/V**

Wuchs: Dicht gedrängte Blatthorste an nur sehr kurzen Rhizomen bilden geschlossene Horste.

Purpur-Günsel eignet sich für verträgliche farbige Unterpflanzungen.

Blatt: An den Enden des Rhizoms stehen die kaum 1 cm breiten grasförmigen, weißbunten Blätter fächerartig zusammen.
Blüte: Der wenig auffallende Kolben wird etwa 2 cm lang und ist selten zu finden.
Verwendung: Diese bunten Formen werden wegen der auffallenden Blätter gerne im nahen Uferbereich und in kleinen Gruppen gepflanzt. Sie sind auch sehr gut für Mini-Wassergärten geeignet.
Hinweis: Es gibt auch eine gelbgrün gestreifte Form, die unter dem Namen 'Ogon' läuft. Aus dem warmen Südostasien stammend, ist Gras-Kalmus nicht sehr frosthart. Er sollte im Winter mindestens 10 cm tief im Wasser stehen oder im Aquarium als Unterwasserpflanze überwintert werden. Bei genügend Feuchtigkeit auch als Zimmerpflanze kultivierbar.

Purpur-Günsel
***Ajuga reptans* 'Atropurpurea'**

>+5 | 10–20 | ✿ 6–8 **V**

Wuchs: Ausläufer treibende Staude, die geschlossene Flächen bilden kann, ohne jedoch andere, wenig größere Arten zu bedrängen.
Blatt: Die in einer Rosette angeordneten braunroten bis violett-

braunen gestielten Blätter sind länglich oval und verlaufen in den Stiel.
Blüte: Die kleinen blauen Blüten stehen endständig in dichten Quirlen auf dem 20 cm hohen Stängel.
Verwendung: Als Unterpflanzung zu Sumpfdotterblume oder Asiatischer Sumpf-Schwertlilie.
Hinweis: Neben der grünen, blau blühenden heimischen Form gibt es auch weiß blühende Sorten.

Der Wassersellerie umwandert locker das Ufergeröll.

Schmalblättriger Froschlöffel
Alisma lanceolatum

⬇ +5 / −25 ⬆ 40–60 ✿ 7–8 **E**

Wuchs: Diese Art bildet nur kleine Horste.
Blatt: Das gestielte Blatt ist lanzettlich und wird bis 30 cm lang.
Blüte: Die bis 50 cm hohe, vielfach dreizählig verzweigte lockere Rispe trägt nur 5 mm große zartrosa bis weißliche Blütchen.
Verwendung: In kleinen Teichen oder Mini-Wassergärten zwischen Froschbiss oder Pfennigkraut.
Hinweis: Den Blütenstand vor der Samenreife entfernen. Bei gelegentlichem Rostbefall soll man die ganze Pflanze zurückschneiden, damit ein gesunder Neuaustrieb erfolgt. Heimisch an Bachufern und Tümpeln.

Amerikanischer Froschlöffel
Alisma subcordatum

⬇ +5 / −25 ⬆ 40–60 ✿ 7–8 **E**

Wuchs: Mehr eine Einzelpflanze, die horstbildend ist.
Blatt: Die waagerecht stehenden Blätter sind kurz gestielt, breit und fast rund und am Übergang zum Stiel leicht herzförmig eingezogen. Die Blattnerven sind sehr deutlich ausgeprägt.
Blüte: Kompakter als bei voriger Art, jedoch auch eine mehrmals dreifach verzweigte, lockere Rispe mit kleinen weißen Blütchen.
Verwendung: Die vom Blatt her auffällige Staude sollte so stehen, dass die Blätter gut zu sehen sind. Für den Mini-Wassergarten und kleine Teiche als Strukturbildner sehr gut geeignet. Bei größeren Teichen kann man in Dreier- oder Fünfergruppen pflanzen.
Hinweis: Interessante Wassergartenpflanze, die sich reichlich versamt.

Wassersellerie
Apium repens

⬇ +15 / −5 ⬆ 8–12 ✿ 6–8 **V**

Wuchs: Die Ausläufer treibende Art bildet lockere, an den Blattknoten wurzelnde Rasen, ohne andere Stauden zu bedrängen.
Blatt: Stiel und Blattspreite sind immer gleich lang. Das 6–20 cm lange Blatt hat elf rundliche bis gelappte, paarig stehende Fiederblättchen in der oberen Hälfte des Stiels.
Blüte: Die grünliche Dolde ist nicht sehr auffallend.

Verwendung: Zur Zwischenpflanzung bei höheren Stauden und zur Verfestigung des Wasserrandes.
Hinweis: Der Wassersellerie treibt auch ins Wasser, wo er bis etwa 15 cm Tiefe wurzelt, dann aber aufschwimmt.

Schlangenwurz
Calla palustris

↓ +10 / −10 ↑ 15–20 ✿ 5–6 **V**

Wuchs: Das schlangenartig gewundene Rhizom ist fingerstark und mehr oder weniger verzweigt. Es wächst über wie unter dem Wasser zwischen anderen Pflanzen. Die Wurzeln sterben im Herbst ab und entwickeln sich im Frühjahr neu.
Blatt: Herzförmige Blätter sitzen an kurzen oder der Wassertiefe angepassten Stielen.
Blüte: Ein grüner Kolben, der von einer 15 cm langen und 10 cm breiten weißen, in einer Spitze auslaufenden Blattscheide umfangen wird. Nach Absterben der Scheide bilden sich am Kolben leuchtend rote giftige Früchte.
Verwendung: Wegen der frühen Blüte recht wertvoll zwischen Sumpfdotterblumen und Sumpf-Vergissmeinnicht.

Die Schlangenwurz wandert gerne zwischen Gräsern und Stauden.

Hinweis: Heimische Staude, die an schattigen Plätzen bei wenig Konkurrenz geschlossene Bestände bilden kann.

Sumpfdotterblume
***Caltha palustris* 'Goldschale'**

↓ +20 / −10 ↑ 50–70 ✿ 4–5 **E**

Wuchs: Horstig-aufrecht.
Blatt: Die Blätter sind nierenförmig bis rund mit kaum auseinander stehenden Blattlappen, Durchmesser bis 15 cm. Blattrand wellig und unregelmäßig. Blütenstiel und Blattstiel oft rötlich gefärbt.
Blüte: Die goldgelben flachschaligen Blüten haben einen Durchmesser von 5 cm und stehen endständig auf verzweigten und beblätterten Stielen.
Verwendung: Diese großblumige Sorte eignet sich zur Einzelstellung in kleinen Teichanlagen zusammen mit Sumpfvergissmeinnicht oder in kleinen Gruppen im Teichvordergrund. Auch für die Feuchtzone geeignet.
Hinweis: Eine großblumige Sorte unserer heimischen Art. Sie neigt zur Selbstaussaat. Ein Rückschnitt nach der Blüte bewirkt einen zweiten Flor im August, verhindert eine Selbstaussaat und beugt im Sommer auftretenden Krankheiten wie Mehltau oder Schwarzflecken vor.

Gefüllt blühende Sumpfdotterblumen passen für viele Garten-Standorte.

Gefüllte Sumpfdotterblume
***Caltha palustris* 'Multiplex'**

±0 / $+30$ · 10–20 · 4–6 **V**

Wuchs: Eine schwach wachsende, horstige Staude.
Blatt: Die dunkelgrünen, runden Blätter sind gestielt und unregelmäßig gekerbt.
Blüte: Die goldgelben, pomponartig gefüllten Blüten stehen dicht zusammen auf kurzen, verzeigten Stielen.
Verwendung: Fast beetartig in dichten Gruppen auf frischem bis feuchtem Boden innerhalb und außerhalb der Kapillarsperre.
Hinweis: Alle paar Jahre sollten diese Stauden nach der Blüte ausgegraben, zurückgeschnitten, geteilt und neu gepflanzt werden.

Niederliegende Sumpfdotterblume
Caltha* × *thyermannii

$+20$ / -15 · 20–30 · 4–6 **V**

Wuchs: Bildet langsam kleine Horste und an den niederliegenden Stängelknoten gelegentlich kleine Ableger.
Blatt: Das runde bis nierenförmige Blatt hat etwa 10 cm Durchmesser, an den Stängelknoten stehen jeweils etwas kleinere, ungestielte Stützblätter.
Blüte: Bis 4,5 cm große goldgelbe Schalenblüten an niederliegenden Trieben.
Verwendung: Als eine nicht so durchsetzungsstarke Art wie die vorige möchte sie zwischen Brauner Segge oder anderen horstigen Gräsern stehen. Sehr gut für kleinere Teiche und Mini-Wassergärten. Auch für die Feuchtzone geeignet.
Hinweis: Diese Hybride bildet keinen Samen, sodass sie sich nur durch Ableger verbreitet.

Niederliegende Sumpfdotterblume

Fuchsrote Segge

Gelbe Streifsegge

Fuchsrote Segge
Carex buchananii

>+5 40–80 7–8 **E/V**

Wuchs: Bildet dichte und geschlossene Horste.
Blatt: Die nur 1–1,5 mm breiten, sehr grazil wirkenden Blätter werden bis 70 cm lang und haben eine leuchtende rotbraune Färbung, die sie von anderen Pflanzen im Uferbereich abhebt. Die Spitzen der Blätter sind leicht ausgeblichen und leicht gedreht und gerollt.
Blüte: Die braunen, bis 4 cm langen Ährchen stehen einzeln von einem langen Hochblatt gestützt übereinander an einem bis 80 cm hohen Stiel. Einige Blütenstiele können bis zu 110 cm lang werden, stehen dann aber nicht mehr aufrecht, sondern legen sich auf den Boden.
Verwendung: Dieses durch seine Rotfärbung und den grazilen Wuchs auffallende Gras sollte in keinem Garten fehlen. Bei kleineren Teichen als Gerüstbildner zwischen die Niederliegende Sumpfdotterblume und die Ballprimel setzen. Bei größeren Ufern kann diese Segge auch in kleinen Gruppen, aber in genügend weitem Abstand gepflanzt werden, damit sie ihren eleganten Wuchs entfalten kann.
Hinweis: Diese Segge aus Neuseeland überwintert bei uns sehr sicher, wenn sie mehr nass als feucht steht.

Gelbe Streifsegge
***Carex elata* 'Aurea'**
(= 'Bowles' Golden)

<10 cm 50–90 4–5 **V**

Wuchs: Diese Art bildet dichte, feste Horste.
Blatt: Die auffallend gelb gestreiften, grundständigen Blätter sind bis zu 1,5 cm breit und erreichen bis 50 cm Länge.
Blüte: Die schwarzbraunen Ährchen stehen in einer Rispe über den grüngelben Blättern.
Verwendung: Als Einzelpflanze oder in einer kleineren Gruppe in einer Unterpflanzung aus dunklen *Ajuga reptans* 'Atropurpurea' oder mit blauem *Polemonium caeruleum*.
Hinweis: Eine weitere buntlaubige Art für ähnlichen Standort und Verwendung ist ***Carex siderosticha* 'Variegata'** mit 3 cm breitem und 20 cm langem, weißbuntem Blatt.

Hängesegge
Carex pendula

±0 +30 80–120 5–7 **E**

Wuchs: Bildet große, auffallende Horste.

Blatt: Die bis 3 cm breiten Blätter sind dunkelgrün und können eine Länge bis 60 cm erreichen.
Blüte: An bis zu 120 cm langen Stielen hängen mehrere runde, dicht besetzte, bis 10 cm lange Ähren.
Verwendung: An nassen bis feuchten Stellen im Halbschatten und Schatten von Bäumen und Sträuchern als Solitärstaude in Begleitung von Sumpf-Farn.
Hinweis: Kann sich an zusagenden Orten versamen.

Schlangenkopf
Chelone obliqua

↓ >+5 ↑ 70–90 ✿ 8–9 E

Wuchs: Horstige Staude mit aufrechtem Wuchs und durchgehend beblättertem Stängel.
Blatt: Die breit-lanzettlichen Blätter stehen paarweise und sind kurz gestielt. Die Oberseite zeigt deutliche Nerven, der Blattrand ist scharf gezähnt.
Blüte: Der Blütenstand steht kolbenartig am Ende des Stängels und besteht aus rosaroten Einzelblüten von etwa 2,5 cm Länge.
Verwendung: Diese dankbare und verhältnismäßig spät blühende Staude pflanzen wir einzeln in den nassen bis feuchten Bereich innerhalb der Kapillarsperre. Ist der Boden in der Gartenzone nicht zu trocken, können wir sie auch dort verwenden, dann wird aber ein schattiger Platz bevorzugt.
Hinweis: Da diese Art aus feuchten bis nassen Wäldern Nordostamerikas stammt, kann sie auf zu trockenen, sonnigen Plätzen eingetrocknete Blüten- und Blattränder bekommen.

Schlangenkopf

Schildblatt
Darmera peltata

↓ >+10 ↑ 70–90 ✿ 4–5 E

Wuchs: Das gut daumendicke, sich verzweigende, oberirdisch kriechende und wurzelnde Rhizom trägt deutliche Blattnarben. Es bildet, wenn auch langsam, ziemlich große Horste.
Blatt: Das runde Blatt hat bis zu 20 cm Durchmesser, einen gelappten Rand und wird bis etwa 60 cm hoch. Der Stiel sitzt in der Mitte, und die Oberseite zeigt deutliche, zur Mitte hin laufende Nerven.
Blüte: Die hellrosa bis rosa gefärbten steinbrechartigen Blüten

Beim Schildblatt erscheinen die Blüten vor den dekorativen Blättern.

stehen doldenartig zusammen auf 50 cm hohen, dicken Stielen weit über den Blättern, die zur Blütezeit gerade einmal mit dem Austrieb beginnen. Mit der Samenreife streckt sich der Blütenschaft und kann bis 90 cm hoch werden.

Verwendung: In feuchten, leicht schattigen bis sonnigen Lagen wirkt besonders die sehr frühe Blüte. Später übernehmen die auffallenden Blätter die Wirkung. Auch in schattigen Partien der Gartenzone ist das Schildblatt ein gern verwendeter Dauergast. Nicht für kleine Uferzonen geeignet.

Hinweis: Die Blütenstände nach der Blüte abschneiden, da sie den Sommer über keine Zierde darstellen.

Nadelsimse
Eleocharis acicularis

⬇ +10 –40 ⬆ 8–10 ✿ 6–9 **V**

Wuchs: Bildet auf dem Teichgrund rasenartige Teppiche, die bis in die Uferzone hinaus wachsen.

Blatt: Unter Wasser werden die nadelartigen Blätter bis 20 cm lang und bleiben sehr weich, während die Landform etwa 8 cm lange, deutlich steifere und auch im Winter grüne Nadeln bildet.

Das Breitblättrige Wollgras ist die schönste und gartenwürdigste Wollgras-Art.

Blüte: Die 2–3 mm großen Köpfchen werden nur bei der Landform ausgebildet.

Verwendung: Zur Wasserreinigung und zum Binden von Nährstoffen auf dem Teichboden besonders gut geeignete Unterwasserpflanze, die auch von Kleintieren gern angenommen wird.

Hinweis: Kann am Teichgrund größere Flächen besiedeln.

Breitblättriges Wollgras
Eriophorum latifolium

⬇ >+5 ⬆ 70–100 ✿ 5–7 **E**

Wuchs: Dieses schöne Gras bildet im Gegensatz zu vielen anderen wuchernden Wollgräsern nur sehr langsam größere Horste.

Blatt: Die 60 cm langen Blätter sind an der Basis 1 cm breit und laufen sich verschmälernd in einer Spitze aus. Sie treiben elegant überhängend aus dem Blatthorst und können mit den Spitzen den Boden berühren, sodass der Blattschopf mehr breit als hoch wirkt.

Blüte: Für die Kenner das schönste der Wollgräser. An den 90 cm hohen Blütenstielen hängen an mehreren bis zu 5 cm langen, dünnen drahtigen Stielchen nach der Blüte die weiß-wolligen Ährchen von 2 cm Größe.

Verwendung: Am besten einzeln oder bei größeren Anlagen zu dritt im Sumpfbeet bei leicht saurer Bodenreaktion zusammen mit Schlauchpflanze oder Lungenenzian. Auch eine Pflanze für das Moorbeet.
Hinweis: Bei neutralem oder leicht alkalischem Boden sollte etwas Torf ins Pflanzloch gegeben werden. Ebenfalls horstig wachsend ist das **Scheidige Wollgras**, ***E. vaginatum,*** mit fadenförmigen Blättern und nur 40 cm hohen Blütenstielen, die nur eine wollige Ähre tragen.

Sibirisches Wollgras
Eriophorum russeolum

⬇ >+5 ⬆ 20–30 ✿ 5–7 **V**

Wuchs: Schwach Ausläufer treibendes Gras, das größere Flächen besiedelt und nur sehr empfindliche Arten verdrängt.
Blatt: Nadelförmig, etwa so hoch wie die Blüten.
Blüte: An den bis zu 30 cm hohen dünnen runden Stielen entwickeln sich nach der Blüte etwa 3 cm große kupferfarbene Wollköpfchen, die einige Wochen an der Pflanze haften bleiben.
Verwendung: Zusammen mit dem Schwalbenwurz-Enzian als beherrschender Art ergibt sich ein gutes Zusammenspiel.
Hinweis: Auch hier sollte man auf ein leicht saures Substrat achten (Torfzusatz).

Glänzende Wolfsmilch
Euphorbia lucida

⬇ +20 ±0 ⬆ 90–140 ✿ 6–7 **E**

Wuchs: Die Horste bildende Staude hat bis 140 cm hohe Stängel, die ab halber Höhe grazile Seitenzweige bilden. Die gesamten Triebe färben sich im Laufe des Sommers leuchtend rot. Dieses Rot hält bis in den Winter.
Blatt: Die schmalen, lanzettlichen, leicht silbrig glänzenden Blätter färben sich im Herbst gelb und ergänzen das Rot der Triebe für kurze Zeit.
Blüte: Der doldige Blütenstand wirkt durch die grüngelbe Farbe der Hochblätter.
Verwendung: Im Feuchtbereich des Ufers als Hintergrund zu niedrigeren Arten zusammen mit Frühjahrsblühern wie Rosenprimel und Ballprimel. Die Verwendung ist auch in der Gartenzone möglich, was bei der Größe dieser Art zu empfehlen ist.
Hinweis: Diese Art wird oft mit der **Sumpf-Wolfsmilch**, ***Euphorbia palustris,*** verwechselt, die nur 60 bis 80 cm hoch wird, die wir aber bis 10 cm tief ins Wasser pflanzen können.

Sibirisches Wollgras

Glänzende Wolfsmilch

Mädesüß

Schachbrettblumen in zwei Farben

Mädesüß
Filipendula ulmaria

$^{-5}_{+30}$ 80–100 6–7 **F**

Wuchs: Diese straff aufrechte Staude bildet geschlossene Horste.
Blatt: Das unpaarig gefiederte Blatt wird bis 30 cm lang, das ahornartige Endblatt bis 10 cm breit. Die Blattränder sind stark gesägt.
Blüte: Die cremeweißen Blütchen stehen in einer dichten Rispe über der Pflanze und verströmen einen süßen Duft.
Verwendung: Man kann sie einzeln oder zu dritt vom nassen Ufersaum bis auf das hohe Ufer und bei nicht zu trockenem Boden auch in der Gartenzone pflanzen.
Hinweis: Um eine starke Versamung der heimischen Art in der ganzen Uferzone zu vermeiden, muss man den Blütenstand entfernen, sobald die ersten Samen braun werden, oder man schneidet gleich die ganze Pflanze zurück und provoziert einen neuen Austrieb. Als Repositionspflanze geeignet.

Schachbrettblume
Fritillaria meleagris

>+10 20–30 4–5 **V**

Wuchs: Dieses Zwiebelgewächs steht einzeln mit einem schlanken, grasartig beblätterten Stängel oder mit wenigen Zwiebeln zusammen. Der Stängel endet in einer Blüte. Nach der Blüte zieht die Pflanze sehr bald ein.
Blatt: Das unterste grasartige Blatt entspringt der Zwiebel, die wenigen anderen dem Stängel.
Blüte: Die glockig hängende Blüte ist gleichmäßig rosa und wird schachbrettartig von weißen Punkten unterbrochen.
Verwendung: Man pflanzt sie zwischen niedrige oder kriechende Uferpflanzen wie Pfennigkraut oder Wassersellerie oder niedrigen Primeln.
Hinweis: Es gibt von dieser Art auch noch eine wüchsige weiß blühende Form. Beide Formen sind heimisch und stehen unter strengem Naturschutz.

Schwalbenwurz-Enzian
Gentiana asclepiadea

>+10 40–60 7–9 **E**

Wuchs: Aus einer rübenförmigen Wurzel treiben einige leicht überhängende, voll mit gegenständigen Blättern besetzte Stängel.
Blatt: Die Blätter sind ohne Stiel, herzförmig eingezogen, bis 1,5 cm breit und laufen bei einer Länge von 6–7 cm in einer Spitze aus.
Blüte: Die dunkelblauen gezipfelten, sich zu einem Trichter erweiternden Röhrenblüten

werden 5 cm lang und haben einen Kronendurchmesser von 3 cm. Die Blüten erscheinen in den Blattachseln der oberen Stängelhälfte und enden in einer Traube.
Verwendung: In neutralen bis leicht sauren Böden wird sie bei genügend Feuchtigkeit in der Sonne, besser aber im lichten Schatten eines Gehölzes oder einer hohen Staude stehen. Eine vorzügliche Schnittblume.
Hinweis: Eine sehr gute Staude für das Moorbeet. Bei kalkhaltigen Standorten kann der Boden mit Torf und Quarzsand leicht angesäuert werden. Diese heimische Staude steht unter Naturschutz.

Gelbbuntes Japangras
***Hakonechloa macra* 'Aureola'**

>+10 30–40 8–9 V

Wuchs: Dieses zierende Gras hat sehr kurze kriechende Triebe, die einen lockeren Horst bilden.
Blatt: Die goldgelben Blätter erreichen selten mehr als 30 cm Höhe und hängen fast immer nur nach einer Seite über.
Blüte: Die feinen Rispen werden bis zu 40 cm hoch, setzen keinen Samen an und werden von den gleichhohen Stängelblättern umspielt.
Verwendung: Dieses dekorative Gras darf im höheren Uferbereich nicht fehlen. Da es auch im lichten Schatten gedeiht, können wir es gut in die Nähe von blauem Schwalbenwurz-Enzian pflanzen.
Hinweis: Als japanisches Gras liebt es keinen zu kalkhaltigen Boden.

Sumpfnelke
Helonias bullata

>+10 20–40 5–6 V

Wuchs: Der Wurzelstock ist eine Knolle, die gelegentlich auch Tochterknollen bildet.
Blatt: Die grundständigen Blätter sind in einer flachen Rosette angeordnet. Die äußeren bis 2 cm breiten, spitz-ovalen Blätter werden unter hiesigen Bedingungen bis 15 cm lang.
Blüte: Der auf einem dicken Stängel sitzende endständige Blütenstand besteht aus vielen kleinen rosafarbenen Blütchen mit lila Staubgefäßen, die in einer kurzen Ähre dicht zusammen stehen.
Verwendung: Diese Staude bevorzugt leicht sauren Boden, sodass wir sie am besten in kleinen Gruppen ins Moorbeet pflanzen.
Hinweis: An zusagenden Standorten können sich junge Sämlinge ansiedeln.

Gelbbuntes Japangras

Sumpfnelke

Japanische Schwertlilie in der Sorte 'Rose Queen'

Sumpf-Eibisch
Hibiscus moscheutos

>+10 50–120 9–9 E

Wuchs: Diese Staude wirkt eher wie ein Strauch. Sie treibt buschartig mit mehreren unverzweigten Trieben aus dem Wurzelstock. Die Triebe sterben im Winter ab.
Blatt: Die Blätter sind lang gestielt, oval und laufen in einer Spitze aus. Ihr Rand ist stark gezähnt.
Blüte: Die großen Blüten haben einen Durchmesser bis 15 cm und sind rot, rosafarben oder weiß.
Verwendung: Eine wichtige Staude zur Einzelstellung, deren Wert in der späten Blüte liegt. Wenn sie zur vollen Wirkung kommen soll, muss man sie gut mit Nährstoffen versorgen.
Hinweis: Da sie in ihrer Heimat stets unter einer Schneedecke überwintert, muss sie hier bei Barfrösten mit etwas Laub abgedeckt werden. Es gibt Zuchtsorten mit Blüten von 22 cm Durchmesser.

Sumpf-Eibisch

Weißrand-Funkie
***Hosta fortunei* 'Patriot'**

>+10 60–70 6–7 E

Wuchs: Die mittelgroßen Blatthorste, die aus dem mehrköpfigen Wurzelstock treiben, erreichen einen Durchmesser von 60–70 cm.
Blatt: Die bis zu 50 cm langen Blätter dieser beliebten Sorte fallen durch den Kontrast des tiefen Grüns der Mitte zu dem blendend weißen breiten Blattrand auf.
Blüte: Die lila Blütenglocken stehen an überhängenden Stielen oberhalb des Blattwerks.
Verwendung: Als auffallende Schmuckstaude im höheren Teil des Ufers, wo sie frisch bis leicht feucht stehen kann. Dort ist sie auch nicht sehr sonnenempfindlich. In normalfeuchtem

Gartenboden verlangt sie eine Beschattung.
Hinweis: Nur eine aus einem großen, mehrere tausend Sorten umfassenden Sortiment. Fast alle eignen sich für das feuchte Ufer.

Japanische Schwertlilie *Iris ensata* (Syn.: *I. kaempferi*)

>+5 | 70–100 | 6–7 **E**

Wuchs: Aus einem kurzen oberirdischen sich verzweigenden Rhizom entwickelt sich die horstig wachsende Staude.
Blatt: Das grüne, grasartige Laub steht in kleinen Fächern zusammen. Die Blätter können bei 2 cm Breite eine Länge von 90 cm erreichen.
Blüte: Die Wildform hat drei rundliche, rötlichviolette Hängeblätter und drei waagerecht abstehende schmale Domblätter. Es können bis zu drei Blüten auf einem Stängel stehen. Bei Züchtungen, von denen es sehr viele in den verschiedensten Farben außer Rot gibt, sind die Domblätter zum Teil wie die Hängeblätter geformt. Die einzige rosa blühende Sorte ist *Iris ensata* 'Rose Queen'.
Verwendung: Diese Art will nicht nass stehen, sondern nur frisch bis feucht. Deshalb möglichst in die höhere Uferzone pflanzen, wo sie etwa 20 cm über dem Grundwasser steht.
Hinweis: Wie viele aus Ostasien stammende Arten mögen Japan-Iris keinen Kalkboden. Sie reagieren darauf mit gelben Blättern und schlechtem Wuchs.

Asiatische Sumpf-Schwertlilie *Iris laevigata* 'Dorothee'

+20 / −10 | 50–60 | 6–7 **E**

Wuchs: Bildet langsam große Horste, die gelegentlich geteilt werden sollten.
Blatt: Etwa 2 cm breite, bis 50 cm lange grasartige Blätter, die fächerförmig angeordnet sind.
Blüte: Die leuchtend ultramarinblaue Blüte hat wie bei vielen Zuchtformen die Domblätter zu waagerecht gestellten Hängeblättern umgebildet; damit scheint die Blüte sechs Blütenblätter zu haben.
Verwendung: Einzeln in den Vordergrund gestellt, kann sie mit gelben Glockenprimeln einen Blickfang abgeben. Auch für die Feuchtzone geeignet.
Hinweis: Diese Iris bevorzugt leicht sauren Boden und ist mit ihren vielen Sorten eine besondere Zierde des Gartenteichs. Sechsblättrige Blüten werden als »doppelt« oder »gefüllt« bezeichnet. Das Farbspektrum der Züchtungen reicht von fast reinem Weiß bis zum dunklen Violettblau. Einige weitere Sorten sind: 'Alba', weiß, einfach; 'Monstrosa', blau mit Weiß, doppelt; 'Niagara', hellblau, doppelt; 'Snowdrift', weiß, doppelt.

Asiatische Sumpf-Schwertlilie 'Monstrosa'

Asiatische Sumpf-Schwertlilie *Iris laevigata* 'Variegata'

+20 / −10 | 50–60 | 6–7 **So**

Wuchs: Bildet langsam große Horste, die gelegentlich geteilt werden sollten.
Blatt: Die etwa 2–2,5 cm breiten, bis 50 cm langen grasartigen Blätter sind weiß längs gestreift.
Blüte: Die dunkelblaue Blüte hat drei breite, fast runde Hängeblätter mit einem schmalen weißen Strich, Durchmesser 3–4 cm, und schmale Domblätter.

Diese Blütenfarbe ergibt einen wirkungsvollen Kontrast zum weißbunten Blatt.
Verwendung: Einzeln oder in kleinen Gruppen zwischen niedrigen Primeln und Sumpfdotterblumen. Auch für die Feuchtzone geeignet.

Wiesen-Schwertlilie
Iris sibirica

↓ >+10 ↑ 60–120 ✿ 6–7 **E**

Wuchs: Aus kurzen verzweigten Rhizomen treibt ein dichter Blattschopf. Hinsichtlich Wuchshöhe variieren die einzelnen Sorten sehr stark. Einige werden nur 40–50 cm hoch, andere bis 120 cm.
Blatt: Die grasartigen Blätter können je nach Sorte zwischen 30 und 60 cm lang werden.
Blüte: Die verzweigten Stängel der Wildform tragen mehrere Blüten mit hellvioletten Hängeblättern und hochstehenden Domblättern. Bei neuen Zuchtsorten stehen Dom- und Hängeblätter oft waagerecht ab und spielen in allen Farbtönen vom reinen Weiß über Hellblau, Dunkelblau zu tiefstem Dunkelviolett.
Verwendung: Auch diese Art will nicht zu nass stehen, etwa 20 cm über dem Wasserspiegel. Dort blüht sie sehr reich. An kleinen Teichen einzeln stellen oder bei größeren Anlagen in kleinen Gruppen nach Farbe und Höhe abgestuft.
Hinweis: Auch in der Gartenzone kann man die Wiesen-Iris pflanzen, sofern der Boden nicht allzu trocken ist oder man sie etwas schattig stellt. Drei empfehlenswerte niedrige Sorten aus dem riesigen Sortiment seien genannt: 'My Love', hellblau, 60 cm; 'Pansy Purple', dunkelviolett, 60 cm; 'White Swirl', weiß, 60 cm.

Wiesen-Schwertlilie

Gelbe Scheinkalla mit Rosenprimeln

Pfennigkraut bildet Teppiche bis ins Wasser.

Gelbe Scheinkalla
Lysichiton americanus

±0 +20 40–90 cm 4–5 E

Wuchs: Stark wachsende horstige Staude mit mächtigem, rhizomartigem Wurzelstock.

Blatt: Die großen bis zu 1 m langen und bis zu 30 cm breiten grundständigen Blätter treiben erst nach der Blüte aus.

Blüte: Der 10–15 cm lange Blütenkolben steht auf einem 20 cm langen Stiel. Die leuchtend gelbe Spatha umfasst den Blütenstiel und öffnet sich kurz unter dem Kolben auf etwa 10 cm Breite und 20 cm Länge und läuft nach oben spitz aus.

Verwendung: Am Folienteich kaum zu pflanzen, muss diese Solitärstaude an einem schattigen, feuchten Platz stehen, der sehr tiefgründigen und nährstoffreichen Boden aufweist.

Hinweis: Neben dieser amerikanischen Form gibt es noch die asiatische ***L. camtschatcensis,*** die im Wuchs etwas schwächer ist und mit einer weißen Spatha blüht.

Pfennigkraut
Lysimachia nummularia

−10 +20 3–5 5–7 V

Wuchs: Die dünnen Stängel bilden bis 50 cm lange, kriechende Triebe, die im Boden wurzeln.

Blatt: Die pfenniggroßen Blätter sitzen beidseitig des kriechenden Stängels.

Blüte: Die leuchtend gelben, sternförmigen 1,5 cm großen Blütchen sitzen an kurzen Stielen in den Blattachseln.

Verwendung: Als bodendeckende Staude zwischen blau blühenden oder kräftig grün belaubten Pflanzen wie Asiatischer Sumpf-Schwertlilie oder Ballprimel.

Hinweis: Das Pfennigkraut wächst vom flachen Wasser bis in die Feuchtzone. Im Wasser blüht es nicht. Bei der Sorte 'Aurea' sind die Blätter goldgelb.

Rutenweiderich 'Dropmore Purple'

Kriechmäulchen

Blutweiderich
Lythrum salicaria
'Masurenkönigin'

↓ +30 −10 ↑ 50–70 ✿ 7–8 **E**

Wuchs: Horstige, straff aufrecht wachsende Staude mit verholzendem Wurzelstock. Die vierkantigen Stängel sind nach oben hin verzweigt.
Blatt: Ein weidenartiges, sitzendes, 8 x 1 cm großes Blatt, das nach oben kleiner wird.
Blüte: Der ährige Blütenstand ist dicht mit purpurvioletten 1,5 cm großen Blüten besetzt.
Verwendung: Einzeln oder in Dreiergruppen am Wasserrand, in der Sumpf- und in der Feuchtzone.
Hinweis: Soll die Sorte erhalten bleiben, muss der Fruchtstand vor der Samenreife entfernt werden, da sich sonst andersfarbige Sämlinge ausbreiten. Man kann auch die Pflanzen direkt nach der Blüte ganz zurückschneiden, dann bringen sie im Spätherbst noch einen zweiten Flor.

Rutenweiderich
Lythrum virgatum
'Dropmore Purple'

↓ ±0 +30 ✿ 7–8 **E**

Wuchs: Aus einem verholzenden Wurzelstock treiben straffe vierkantige beblätterte Stängel, die sich im oberen Drittel verzweigen.
Blatt: Die ungestielten, 1 cm breiten und 5 bis 7 cm langen Blätter laufen spitz zu und stehen kreuzgegenständig.
Blüte: An den Spitzen des Mitteltriebes und der Seitentriebe stehen bis 15 cm lange, in der Mitte auch längere rotviolette Blütenähren.
Verwendung: Sehr dekorative Staude zur Einzelstellung, die in größeren Anlagen auch in lockeren Gruppen stehen kann. Ihre Verwendungsbreite reicht vom nassen bis zum fast trockenen Standplatz.
Hinweis: Im Gegensatz zum Blutweiderich versamt sich diese Art bei uns nicht.

Kriechmäulchen
Mazus reptans

↓ >+3 ↑ 3–20 ✿ 5–7 **V**

Wuchs: Die oberirdisch kriechenden Triebe können bis zu 15 cm lang werden, wurzeln im Boden und bilden eine endständige Blattrosette.
Blatt: Die Stängelblätter sind wie die Blätter der Rosetten nur 10 mm groß und haben einen gezähnten Rand. Das Blatt verfärbt sich im Herbst bräunlich.
Blüte: Die einzelne Blüte ist eine blaue Rachenblüte mit einer

weiß-gelben Zeichnung auf der Lippe. Sie steht einzeln oder zu zwei bis drei in einer kleinen Traube.
Verwendung: Als Bodendecker zwischen höheren Pflanzen der feuchten bis frischen Uferzone wie verschiedenen Primelarten oder auch hohen Schwertlilien.
Hinweis: Sehr gut ist auch die weiß blühende Form 'Alba' mit hellgrünen Blättchen. Beide Formen sind absolut winterhart.

Fieberklee
Menyanthes trifolia

↓ +20 −20 ↑ 20–30 ✿ 5–6 **V**

Wuchs: Der auf dem Boden kriechende Trieb ist an der Unterseite bewurzelt, verzweigt sich wenig und kann auch in tieferes Wasser wachsen, wo er aber aufschwimmt. Bildet an zusagenden, konkurrenzfreien Stellen große Bestände.
Blatt: Auf starken Stielen sitzt ein dreifach gefiedertes Blatt. Die einzelnen Fiederblätter sind oval bis länglich-oval, etwa 3 x 5 cm.
Blüte: An einem über die Blätter ragenden Stiel steht eine Traube weißer bis zart rosafarbener fünfzipfliger Trichterblüten, die auf der Blüteninnenseite kurze, borstige Haare tragen.
Verwendung: Im größeren Gartenteich wandert der Fieberklee zwischen Uferstauden und Gräsern auch ins Wasser oder in die Feuchtzone.
Hinweis: Eine heimische Art, die neutralen bis leicht sauren Boden vorzieht. Steht hier unter Schutz.

Der Fieberklee ist eine heimische Staude unter Naturschutz.

Gauklerblume
Mimulus guttatus

↓ ±0 +30 ↑ 30–60 cm ✿ 6–8 **F**

Wuchs: Flächig wachsende Staude. Triebe, die keine Blüten bilden, wachsen auf dem Boden kriechend etwa 10–15 cm. Die Blütentriebe stehen aufrecht.
Blatt: Die Blätter sind länglich-oval, unten gestielt und oben am Stängel sitzend.
Blüte: Die 3–4 cm großen gelben Blüten haben braune Flecken an der Lippe. Sie stehen ab der Stängelmitte einzeln in den Blattachseln und nach oben dichter übereinander. Bildet sehr viel staubfeinen Samen.

Gauklerblumen-Hybride 'Tigrinus Grandiflorus'

Weißbuntes Pfeifengras

Verwendung: Durch Ausläufer und enorme Selbstaussaat bilden sich in kurzer Zeit dichte Rasen, die keine Konkurrenz dulden. Daher sollte man sie nur an Teiche setzen, die genug Platz bieten und an denen nur durchsetzungsstarke Arten stehen.
Hinweis: Die Unmengen an winzigen Samenkörnchen werden von Wind und Wasser im ganzen Teich und dem Garten verteilt. In allen Teilen kleiner und geringfügig weniger aggressiv ist ***M. luteus*** mit gelben, rot gefleckten Blüten.

Gauklerblumen-Hybride
***Mimulus*-Hybride**
'Tigrinus Grandiflorus'

>+10 20–50 6–8 **V**

Wuchs: Sich schwach ausbreitende Staude, deren kriechende Stängel sich am Boden bewurzeln. Die aufrechten beblätterten Stängel tragen die Blüten.
Blatt: Die Blätter sind rundlich-oval und an den Stängeln sitzend.
Blüte: Die 4 cm großen gelben Rachenblüten tragen große, kräftig rote Flecken auf der großen Lippe.
Verwendung: Im Feuchtbereich größerer Ufer zwischen höheren, robusteren und Schatten spendenden Stauden oder auf Blumenrabatten mit anderen Sommerblumen.
Hinweis: Aus der Vielzahl alter und neuerer Züchtungen eine Auswahl zu treffen, ist schwierig, zumal immer neue Sorten auf den Markt kommen. Viele davon werden mehr als Beetpflanzen oder Sommerblumen verwendet und sind nur bedingt oder gar nicht winterhart. Andere sterben zwar im Winter ab, säen sich aber selbst wieder aus, doch oft nicht dort, wo man sie haben will. Als einigermaßen ausdauernd hat sich die oben beschriebene Sorte erwiesen.

Pfeifengras
***Molinia caerulea* 'Variegata'**

±0 +30 60–70 80–10 **V**

Wuchs: Horstig bleibendes Gas von aufrechtem Wuchs.
Blatt: Die Blattscheiden sind stängelumfassend, die Blätter 5 mm breit, spitz zulaufend, grün mit weißen und gelben Längsstreifen. Der Austrieb im Frühjahr besticht mit einem schönen Rosa.
Blüte: Auf einem goldbraunen, drahtigen und knotenfreien Halm sitzt eine schwach verzweigte,

dicht mit kleinen Ährchen besetzte braune Rispe.
Verwendung: Einzeln oder in Dreiergruppen zwischen breitblättrigen Pflanzen wie Sumpfdotterblume oder Japan-Etagenprimel. Gut für einen nassen bis frischen Standort geeignet.
Hinweis: Von *M. caerulea* gibt es auch grünlaubige Formen mit straffem oder auch überhängendem Wuchs: etwa 'Moorhexe', straff aufrecht, oder 'Strahlenquelle', ausladend und überhängend.

Sumpf-Vergissmeinnicht
Myosotis palustris 'Thüringen'

⬇ −5 / +30 ⬆ 20–30 ✿ 4–7 F

Wuchs: Leicht kriechende Staude mit aufstrebenden Stängeln.
Blatt: Das länglich-ovale Blatt verläuft in den Blattstiel und ist wie der Stängel fein behaart.
Blüte: Die verzweigten kahlen Blütenstände enden in kurzen Trauben himmelblauer und bei dieser Sorte verhältnismäßig großer Blüten.
Verwendung: An feuchten, schattigen Plätzen, zwischen höhere Stauden und Gehölze, wo sie sich auch versamen dürfen.
Hinweis: Das Sortiment umfasst weitere Sorten in Weiß und auch Rosa. Sehr lange und reich blüht 'Semperflorens'.

Jakobsleiter
Polemonium caeruleum

⬇ >+10 ⬆ 40–80 ✿ 6–7 V

Wuchs: Aus einem Horst langer Blätter treiben straff stehende beblätterte Blütenstiele, die sich oben verzweigen.
Blatt: Das unpaarig gefiederte Blatt wird bis 30 cm lang, ist am unteren Stiel kahl und kann bis zu 27 Fiederblättchen tragen. Die Stängelblätter sind kompakter.
Blüte: Die kräftig blauen Blüten mit gelben Staubgefäßen in der Mitte stehen in kurzen Trauben zusammen.
Verwendung: Einzeln oder in einer kleinen Gruppe.
Hinweis: Sehr schön sind die weiß blühende Sorte 'Alba' und die Sorte 'Brise d'Anjou' mit gelbweiß panaschierten Blättern.

Die heimische Jakobsleiter ist eine schöne Feuchtwiesenblume.

Ball- und Rosenprimeln beginnen das Gartenjahr am Teich.

Gelbe Glockenprimeln duften angenehm.

Ballprimel
Primula denticulata

>+5 20–30 3–4 V

Wuchs: In wenigen Jahren bildet sich aus einer Blattrosette ein vielköpfiger und blütenreicher Horst.
Blatt: Die bis zu 15 cm langen und bis zu 4 cm breiten Blätter sind lang gestreckt oval mit einem bis in die Basis verlaufenden Blattrand.
Blüte: Der ballförmige bis 6 cm große Blütenstand steht auf einem kahlen Stiel und ist aus vielen dunkelblauen, hellblauen oder weißen Einzelblüten zusammengesetzt.
Verwendung: In der Uferzone, wo sie gut das Grundwasser erreichen können, in Dreiergruppen gepflanzt, sind Ballprimeln mit die frühesten Blüher am Gartenteich.
Hinweis: Wenn Ballprimeln gut mit Wasser versorgt werden, sind sie weit langlebiger als auf dem schattigen Staudenbeet.

Gelbe Glockenprimel
Primula florindae

>+3 40–60 7–8 V

Wuchs: Diese Glockenprimel bildet einen horstigen Blattschopf von etwa 20 cm Höhe und Breite.
Blatt: Das runde bis länglich-ovale lang gestielte Blatt ist am Stielansatz stumpf bis herzförmig eingezogen. Die Blattkante ist scharf gesägt.
Blüte: Die gelben, hängenden und angenehm duftenden Blütenglocken stehen auf dünnen Stielen doldenartig zu 10–30 Blüten zusammen. Der kahle Schaft kann sich zur Samenreife bis 60 cm strecken und ist wie der Blütenstand im oberen Teil auffällig bemehlt.
Verwendung: In Dreiergruppen im feuchten Ufer mit blauem Mazus oder Purpur-Günsel.
Hinweis: Ähnliche Blüten hat ***P. sikkimensis*** mit einem schmalen, in den Stiel verlaufenden Blatt.

Japan-Etagenprimel
Primula japonica

>+3 20–80 5–6 V

Wuchs: Auch diese Art bildet einen geschlossenen bodenständigen Blattschopf von etwa 30 cm Höhe.
Blatt: Die bis zu 20 cm langen Blätter werden bis zu 4 cm breit, sind länglich-oval und verlaufen in den Blattstiel. Der Blattrand ist gezähnt.
Blüte: Die roten, 1,5 cm großen Blüten stehen in vielblütigen Quirlen in vier oder mehr Etagen übereinander und sind nicht bemehlt.
Verwendung: Diese Art kann nassen Stand vertragen, deshalb kann man sie sehr gut an Bachufern pflanzen, wo auch Sumpfdotterblumen *(Caltha palustris* 'Alba') stehen.
Hinweis: Ein besonders leuchtendes Rot hat die Sorte 'Miller's Crimson'.
Weitere schöne Etagenprimeln, die aber nur frisch bis feucht stehen wollen:
P. bulleyana, 70 cm, orange;
P. pulverulenta, 70 cm, karminpurpur, Kelch und Stängel bemehlt; ***P. prolifera***, 80 cm, gelb, darf auch nass stehen;
P. × bullesiana, 60–80 cm, hat ein reiches Farbenspiel von Violett bis Gelb.

Rosenprimel
Primula rosea

>+3 15–30 3–4 V

Wuchs: Diese Art bildet einen kleineren Blattbusch.
Blatt: Das glatte, fein gezähnte Blatt wird nur bis 10 cm lang und ist länglich-oval mit einem in den Blattstiel verlaufenden Rand.
Blüte: Das leuchtende Rosarot der in kleinen Köpfchen zusammenstehenden Blüten erscheint zunächst zwischen sich bildenden Blättern, schiebt sich dann höher und erreicht im Verblühen 30 cm.
Verwendung: Dieser früheste Blüher darf am Teich- oder Bachufer nicht fehlen. Bei nassem oder feuchtem Stand ist die Rosenprimel sehr ausdauernd. Man kann sie sehr gut zur Gefüllten Sumpfdotterblume gesellen.
Hinweis: Diese Primelart und auch die davor genannten können sich geringfügig versamen und besiedeln so vorhandene freie Uferplätze. Bild siehe Seite 16.

Das reiche Farbenspiel der *Primula × bullesiana* erfreut im Frühsommer und wird ergänzt durch die anderen Sorten von Etagenprimeln für diesen Standort.

Gefüllt blühendes Pfeilkraut

Die Fleisch fressende Schlauchpflanze

Verschiedenblättriges Pfeilkraut
Sagittaria latifolia 'Plena'

±0 / -20 ⬆ 30–50 **E/V**

Wuchs: Eine Staude, die unterirdische Ausläufer treibt, an deren Enden sich zum Herbst hin taubeneigroße, sehr stärkehaltige Knollen bilden. Diese Knollen sind die Überwinterungsform, da die Mutterpflanze abstirbt. Das Pfeilkraut kann bei zusagenden Bedingungen geschlossene Bestände bilden.
Blatt: Die Blätter stehen grundständig, an langen Stielen zu mehreren den Blütenstiel am Grund scheidig umfassend zusammen. Die pfeilförmige 20 cm lange Blattspreite kann an gut versorgten Ufern bis zu 12 cm Breite erreichen; an mageren Standorten wird sie nur 5–8 mm breit.
Blüte: Der unbeblätterte Blütenstängel endet in einer Ähre mit in Dreierquirlen stehenden, auffallenden pomponartig gefüllten weißen Blüten, die zudem noch etwas länger blühen als die reine Art.
Verwendung: In größeren Anlagen locker verstreut zwischen anderen Stauden. Bei nahrhaften Böden oder kleinen Teichen ist Vorsicht geboten; besser in Kübel pflanzen.
Hinweis: Weniger auffallend, jedoch genauso robust ist die reine Art ***S. latifolia*** mit bis 3 cm großen, weißen Blüten mit drei Blütenblättern, einer gelben Mitte und gelben Staubgefäßen. ***S. sagittifolia*** ist die heimische Art, die in der Ausbildung des Blattes weniger stark variiert und deren Blüte eine violette Mitte hat.

Schlauchpflanze
Sarracenia purpurea

$+3$ / $+15$ ⬆ 20–30 ✿ 6–7 **V**

Wuchs: Horstige Staude mit grundständigen Blättern.
Blatt: Die Blätter sind röhrig aufgeblasen, zum Teil liegend-aufstrebend, zum Teil aufrecht stehend. Der innere Hohlraum ist je nach Witterung mit mehr oder weniger Wasser gefüllt und dient der Pflanze zum Fangen von Insekten, die darin verdaut werden und so den Nährstoffbedarf der Pflanze ergänzen.
Blüte: Auf einem 30 cm hohen Stiel steht eine sehr interessante, 4 cm große Blüte aus fünf Kelchblättern und rotbraunen Blütenblättern, die sehr bald abfallen. Der Griffel ist schirmartig verbreitert, hat fast den Durchmesser der Kelchblätter und verdeckt den Fruchtknoten.

Verwendung: Diese winterharte Art eignet sich besonders für ein Moorbeet, wo sie mit anderen konkurrenzschwachen Arten gepflanzt wird, zum Beispiel der Sumpf-Nelke.

Hinweis: Diese Art zählt zu den Fleisch fressenden Pflanzen.

Gelbe Wiesenraute
Thalictrum flavum var. *glaucum*

⬇ >+10 ⬆ 90–120 ✿ 6–7 **E**

Wuchs: Diese Art wächst horstig und mit straff aufrechten, wechselständig beblätterten Stängeln.

Blatt: Als Erstes fallen an dieser Staude die silbrigen mehrfach gefiederten Blätter auf, die bis knapp unter den Blütenstand reichen und bis zu 20 cm groß sind.

Blüte: Der Blütenstand ist verzweigt und endet in kleinen gelben Blütenköpfchen, die sich aus mehreren Einzelblüten zusammensetzen. Diese haben keine Kelchblätter, sondern bestehen aus vielen gelben Staubgefäßen.

Verwendung: Zur Einzelstellung zwischen Gräser und Schwertlilien im frischen bis feuchten Ufer.

Hinweis: Diese heimische Art kommt hier zusammen mit der grünen, weniger interessanten Form auf Feuchtwiesen vor.

Die Gelbe Wiesenraute zeigt ein silbrig glänzendes Blatt.

Sumpf-Farn
Thelypteris palustris

⬇ +10/–15 ⬆ 30–50 **V**

Wuchs: Das oberirdisch kriechende Rhizom bildet lockere bis dichte Bestände und kann auch aufschwimmend weit ins flache Wasser treiben.

Blatt: Das doppelt gefiederte Blatt steht einzeln aufrecht und nicht in Trichtern.

Verwendung: Auch in schattigsten Teichpartien oder Moorgärten zusammen mit der Wasserfeder. Auch für die Feuchtzone geeignet.

Hinweis: Liebt keine allzu kalkhaltigen Böden.

Chinesische Trollblume
Trollius chinensis
'Golden Queen'

⬇ >+10 ⬆ 80–90 ✿ 6–7 **E**

Wuchs: Bildet große, bis 40 cm hohe Blatthorste, die von den Blütenstielen überragt werden.

Blatt: Die lang gestielten Blätter sind rund, mit etwa 10 cm Durchmesser, fünffach geteilt und die einzelnen Segmente nochmals gelappt.

Blüte: Die 4 cm großen goldgelben Blüten werden von den Kelchblättern gebildet. Die orangefarbenen Blütenblätter sind schmal und deutlich kürzer, bilden aber einen schönen Kontrast zu den Kelchblättern.

Verwendung: Diese hohe Trollblume kann man gut hinter die heimische Trollblume und ihre Hybriden stellen, denn sie setzt deren Blüte fort.

Hinweis: Die Wildform ist etwas heller in der Blüte.

Die Hybriden der Trollblume gibt es in vielen Gelbtönungen.

Trollblume
***Trollius*-Hybriden**

⬇ >+10 ⬆ 50–70 ✿ 5–6 **V**

Wuchs: Horstig wachsende Stauden. Wurzelstock mit mehreren Triebknospen.

Blatt: Die grundständigen Blätter sind rund und in 3–5 Segmente geteilt, die jeweils mehrfach gelappt sind.

Blüte: Die hellgelben bis orangefarbenen Blüten stehen auf verzweigten Stängeln, sind oben kugelig geschlossen oder etwas schalenförmig geöffnet. Der Durchmesser beträgt 4–5 cm.

Verwendung: Diese sehr dekorativen Frühjahrsblüher pflanzen wir gut sichtbar in einer kleinen Gruppe in Begleitung von Ball- oder Rosenprimeln.

Hinweis: Aus dem großen Sortiment möchte ich nur einige nennen: 'Earliest of All', goldgelb, gut verzweigt, früh; 'Früh-

Chinesische Trollblume 'Golden Queen'

lingsbote', zartgelb, rote Honigblätter, großblumig; 'Baudirektor Linne', tieforange; 'Lemmon Queen', hell zitronengelb; 'Orange Globe', orangegelb. Diese Sorten lassen sich alle nach der Blüte zurückschneiden, bringen dann im September einen zweiten, nicht ganz so üppigen Flor und können dadurch keinen Samen bilden.

Moerheim-Trollblume
Trollius × moerheimii
(Syn.: *T. stenocephalus*)

⬇ >+5 ⬆ 30–50 ✿ 5–6/9 **V**

Wuchs: Horstige Staude mit vielköpfigem Wurzelstock und kompaktem Wuchs.

Blatt: Das feste dunkelgrüne Blatt ist tief eingeschnitten, die Kanten der Segmente sind unregelmäßig gezähnt.
Blüte: Die leuchtend gelbe Blüte bildet eine flache Schale von 6–7 cm Durchmesser. Da diese Art keinen Samen ansetzt, bringt sie im Herbst eine zweite, schwache Blüte.
Verwendung: Einzeln oder in kleinen Gruppen, unterpflanzt mit Purpur-Günsel.
Hinweis: Wohl eine der schönsten Trollblumen. Wenn man sie nach der Blüte zurückschneidet, ist der Herbstflor noch besser.

Kleiner Rohrkolben
Typha minima

⬇ −10 +15 ⬆ 40–80 ✿ 5–6 **R**

Wuchs: Die dünnen verzweigten und unterirdisch kriechenden Rhizome können zwischen 30 und 70 cm Länge erreichen und so sehr schnell große Bestände aufbauen.
Blatt: Das schmale, nur bis 4 mm breite Blatt erreicht fast die Höhe des Blütenstandes.
Blüte: Der kleine, braune und kugelförmige Kolben mit etwa 3,5 cm Durchmesser erinnert an Paukenschlägel.
Verwendung: An den Ufern größerer Teiche ausgepflanzt, bildet der kleine Rohrkolben halbhohe grasartige Bestände. Bei kleineren Becken ist auf jeden Fall eine Pflanzung in Kübel angebracht.
Hinweis: Durch die Kreuzung mit Laxmanns Rohrkolben (siehe Seite 42) sind die verschiedensten Typen im Handel. Gilt als Repositionspflanze.

Der Kleine Rohrkolben kann sich stark ausbreiten.

Den Wassergarten gestalten

Wenn man sich den Wunsch nach einem schönen Gartenteich erfüllen möchte, sollte man sich auch ein paar Gedanken um die richtige Gestaltung und Pflanzenauswahl machen. Nur wenn Lage, Form und Pflanzung stimmig sind, wirkt unser Gartenbereich natürlich.

Grundsätzliches zur Gestaltung

Um den Teich zu genießen, muss er nicht nur gut einzusehen sein, sondern auch so liegen, dass wir ihn in Ruhe von einer Bank oder einem Liegestuhl aus betrachten können. So bietet sich die Verbindung mit der Terrasse am Haus oder einem Sitzplatz an.
Damit der Teich in seiner Anlage möglichst natürlich wirkt, sollte er optisch in einer Mulde liegen. Dazu bietet sich der Teichaushub oder ein Teil davon an.
Wir formen damit einen flachen Hügel, der sich etwas hinter dem Teich und eventuell auch noch seitlich davon hinzieht.
Um den Blick auf den Teich nicht zu behindern, wird vorne nur ein schmaler Uferstreifen mit Steinen und ganz niedrigen Pflanzen angelegt. Seerosen werden seitlich in den Vordergrund oder aber in den Hintergrund gesetzt, damit die Wasserfläche voll zur Wirkung kommen kann.
Wasserspiele, Sprudelsteine oder plätschernde Bacheinläufe platzieren wir den Seerosen gegenüber. Seitlich im Hintergrund der Wasserfläche können wir anstelle der Seerosen auch wuchernde Binsen, Rohrkolben oder Schilf in Kübeln auf den Grund stellen. Dadurch behalten wir den Blick frei auf das flach aus dem Wasser aufsteigende Pflanzufer, dessen Bepflanzung wir vorne mit Schwimmblatt- und niedrigen Pflanzen beginnen und nach hinten zu mit höheren Arten ansteigen lassen. Die Bepflanzung können wir dann auf dem Hügel hinter dem Teich fortführen.
Zur Erleichterung der Pflege ist ein kleiner Pfad mit Trittsteinen zwischen der Kapillarsperre des Ufers und dem Hügel zu empfehlen.

Schön, wenn von einem Sitzplatz aus Blickachsen auch über den Gartenteich hinaus die umgebende Landschaft in das Gesamtbild mit einbeziehen.

◀ Durch die Einbettung in eine Mulde wirkt dieser Teich natürlich und wird belebt von den dauerblühenden Seerosen.

Pflanzvorschlag für einen kleinen Teich

Dieser kleine Teich liegt in einem freien Winkel an der Terrasse und soll etwas Leben bringen. Um eine gewisse Größe zu erreichen, haben wir auf eine Bepflanzung des vorderen Ufers verzichtet und gehen gleich in die Tiefe von 80 cm, wo wir links im Vordergrund die schwach wachsende Seerose 'Maurice Laydeker' mit weißen bis roten Blüten in einem 90-Liter-Mörtelkübel stehen haben. Vor dem rückwärtigen Pflanzufer steht rechts noch ein Laxmanns-Rohrkolben in einem 40-Liter-Container. Dazwischen wachsen noch Krebsschere und Hornkraut, die wir einfach ins Wasser geworfen haben.

Die kleine, aus dem Wasser aufsteigende Uferfläche beginnt mit einigen Flachwasserstauden, unter anderen mit dem gefüllt blühenden Verschiedenblättrigen Pfeilkraut, dem Pfeil-Aronstab und dem schwimmenden Laichkraut. Dahinter erscheinen die Frühjahrsblüher wie Ballprimel, Goldkolben und Sumpfdotterblumen. Der Blütenreigen wird fortgesetzt von Trollblume, Amerikanischem Froschlöffel und Sumpf-Wolfsmilch. Diese bilden den Hintergrund mit dem sommerblühenden Rutenweiderich, den verschiedenen Schwertlilien-Arten in Violett und Blau und der interessanten, weißbunt gestreiften Asiatischen Sumpf-Schwertlilie. Dazwischen leuchten die Farben der roten Japan- und der Gelben Glockenprimel. Der ganze Teich ist mit einer Kante aus Pflastersteinen eingefasst, die auf der Folie liegen und damit die Kapillarsperre festigen und gegen Beschädigung schützen sowie als Mähkante unbeschwertes Rasenmähen ermöglichen sollen.

Artenliste zum Pflanzplan

Seerosenzone .... Anzahl

A Seerose 'Maurice Laydecker' 1
im 90-Liter-Kübel 1

B *Typha laxmannii* Laxmanns
Rohrkolben im 40-Liter-Kübel 1

C Hornkraut.......................................1
Ceratophyllum demersum

D Krebsschere 1
Stratiotes aloides

Uferzone .... Anzahl

① Goldkolben 1
Orontium aquaticum

② Gelbe Glockenprimel 3
Primula florindae

③ Asiatische Sumpf-Schwertlilie.........1
Iris laevigata 'Dorothee'

④ Seekanne 1
Nymphoides peltata

⑤ Trollblume 1
Trollius-Hybride 'Frühlingsbote'

⑥ Niederliegende Sumpfdotterblume ..1
Caltha × thyermannii

⑦ Rutenweiderich 1
Lythrum virgatum 'Dropmore Purple'

⑧ Wassersellerie 1
Apium repens

⑨ Japan-Etagenprimel 3
Primula japonica 'Miller's Crimson'

⑩ Verschiedenblättriges Pfeilkraut 1
Sagittaria latifolia 'Plena'

⑪ Sumpf-Wolfsmilch 1
Euphorbia palustris

⑫ Nadelsimse 1
Eleocharis acicularis

⑬ Fuchsrote Segge 2
Carex buchananii

⑭ Pfeil-Aronstab 1
Peltandra virginica

⑮ Asiatische Sumpf-Schwertlilie 1
Iris laevigata 'Variegata'

⑯ Ballprimel 3
Primula denticulata

⑰ Sumpfdotterblume 1
Caltha palustris 'Goldschale'

⑱ Wiesen-Schwertlilie 1
Iris sibirica 'My Love'

⑲ Herzblättriger Froschlöffel 1
Alisma subcordatum

⑳ Weißbunter Kalmus 1
Acorus calamus 'Variegatus'

㉑ Schwimmendes Laichkraut 1
Potamogeton natans

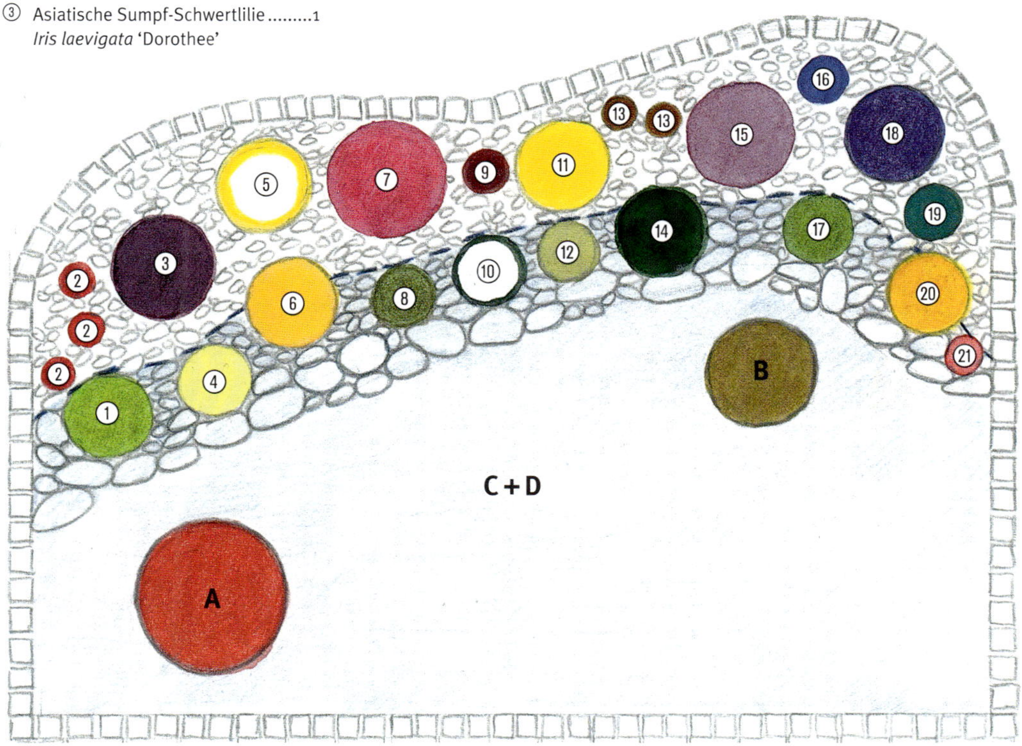

Pflanzvorschlag für einen großen Teich

Dieser große Teich liegt an der Terrasse des Hauses oder an einem gut zugänglichen Sitzplatz und soll von uns aus, wenn wir dort sitzen, gut eingesehen werden. Deshalb haben wir die vordere Uferzone nur mit Steinen verschiedener Größe aufgefüllt. In diese Steine setzen wir nur einige kriechende, schwach wuchernde Stauden, wie Tannenwedel oder Wassersellerie, die sich ohne nahrhaftes Substrat nur sehr langsam ausbreiten und kaum höher als 30 cm werden. So bleibt der Blick frei auf die gefüllte rote Seerose 'Perrys Dwarf Red' links im Vordergrund, auf die große freie Wasserfläche und auf das gegenüberliegende Ufer. Die rechts vor dem Ufer gepflanzte leuchtend gelbe Seerose 'Joey Tomozik' hebt ihre Blüten immer etwas über das Wasser, sodass sie uns auch auf eine etwas größere Entfernung erfreuen kann.
Auf der anderen Seite des Ufers liegt etwas versteckt zwischen gelben Trollblumen und Gräsern ein Quellstein, der mit seinem Plätschern andere unangenehme Geräusche überdeckt. Er bildet mit einigen höher wachsenden Stauden, wie hellgelber Sumpf-Wolfsmilch, rotem Blutweiderich, weißem Mädesüß und gelber Glänzendem Wolfsmilch den Hintergrund des

Artenliste zum Pflanzplan

Seerosenzone .... Anzahl

A Rote Seerose 1
Nymphaea 'Perry's Dwarf Red'

B Gelbe Seerose 1
'Joey Tomozik' ....

C Hornkraut 3
Ceratophyllum demersum

D Krebsschere 1
Stratiotes aloides

Uferzone .... Anzahl

① Spiralbinse 3
Juncus effusus 'Spiralis'

② Ballprimel 6
Primula denticulata

③ Niederliegende Sumpfdotterblume 10
Caltha × thyermannii

④ Japan-Etagenprimel 5
Primula japonica 'Miller's Crimson'

⑤ Asiatische Sumpf-Schwertlilie 5
Iris laevigata 'Dorothee'

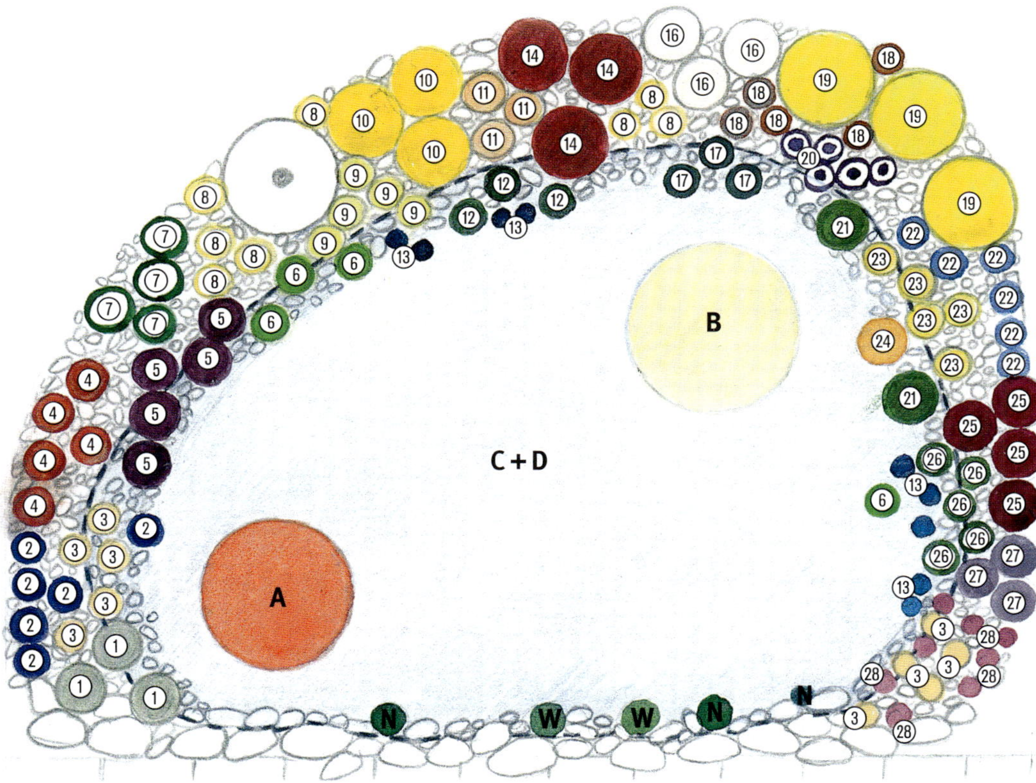

⑥ Goldkolben 4
Orontium aquaticum

⑦ Weiße Wiesen-Schwertlilie 4
Iris sibirica 'White Swirl'

⑧ Trollblume 8
Trollius-Hybride 'Frühlingsbote'

⑨ Schlangenwurz 5
Calla palustris

⑩ Sumpf-Wolfsmilch 3
Euphorbia palustris

⑪ Gelbe Wiesenraute 3
Thalictrum flavum var. *glaucum*

⑫ Pfeil-Aronstab 3
Peltandra virginica

⑬ Nadelkraut 9
Crassula recurva

⑭ Blutweiderich 3
Lythrum salicaria 'Masurenkönigin'

⑮ Weißbunte Asiatische Sumpf-Schwertlilie 3
Iris laevigata 'Variegata'

⑯ Mädesüß 3
Filipendula ulmaria

⑰ Herzblättriger Froschlöffel 3
Alisma subcordatum

⑱ Fuchsrote Segge 5
Carex buchananii

⑲ Glänzende Wolfsmilch 3
Euphorbia lucida

⑳ Asiatische Sumpf-Schwertlilie 5
Iris laevigata 'Monstrosus'

㉑ Verschiedenblättriges Pfeilkraut 2
Sagittaria latifolia 'Plena'

㉒ Jakobsleiter 6
Polemonium caeruleum

㉓ Sumpfdotterblume 5
Caltha palustris 'Goldschale'

㉔ Seekanne 1
Nymphoides peltata

㉕ Rutenweiderich 4
Lythrum virgatum 'Dropmore Purple'

㉖ Weiße Asiatische Sumpf-Schwertlilie .. 5
Iris laevigata 'Alba'

㉗ Blaue Wiesen-Schwertlilie 3
Iris sibirica 'My Love'

㉘ Rosenprimel 7
Primula rosea

Stauden zur Zwischenpflanzung .... Anzahl

G Purpur-Günsel 20
Ajuga reptans 'Atropurpurea'

W Wassersellerie 10
Apium repens

N Nadelsimse 10
Eleocharis acicularis

P Pfennigkraut 10
Lysimachia nummularia 'Aurea'

gegenüberliegenden Ufers. Auch auf dem rechts liegenden Ufer beherrscht der rote Rutenweiderich den Hintergrund. Davor stehen dunkelblaue, weiße, hellblaue Iris mit verschiedenen Blütezeiten, im Sommer blühende Etagenprimeln, die den Flor der im Frühjahr blühenden Rosen- und Ballprimeln fortsetzen. Diese sowie die frühen Trollblumen und die Sumpfdotterblumen beginnen das Blütenjahr an unserem Teich. In Herbst erfreuen uns viele Stauden mit brauner und gedämpft gelber Herbstfärbung, die Glänzende Wolfsmilch hat jetzt leuchtend rote Triebe und Zweige, während noch Anfang Oktober die gelbe Seerose ihre letzten leuchtenden Blüten zeigt.

Pflanzvorschlag für einen Bachlauf

Bachläufe sind etwas schwierig zu bauen, denn einmal sollen sie Wasserbewegung und Wasserplätschern in den Garten bringen, andererseits soll es auch am Bach grünen und wenn möglich sogar blühen. Zuerst formen wir den Uferverlauf des Bachbetts innerhalb der Kapillarsperre aus Steinen. Den Raum zwischen Bachbett und Kapillarsperre füllen wir mit Splitt oder Kies, in den wir unsere Pflanzen setzen.
Um die Wasserversorgung der Uferpflanzen zu sichern, stauen wir das Wasser mit einer senkrecht gestellten und beidseitig mit Steinen fixierten Falte der Folie an. Über diese Falte und die davor liegenden Steine kann das Wasser dann in das nächste Becken oder in den Teich plätschern und bleibt doch bei abgeschalteter Pumpe im Bachbett stehen.
In den Uferzonen finden wir wie in der Natur Sumpfdotterblume, Trollblume oder frühjahrs- und sommerblühende Primeln. Verschiedene Schwertlilien, ein Rutenweiderich, ein Mädesüß und eine Sumpf-Wolfsmilch setzen Schwerpunkte. Zum Muttertag blüht das Gefüllte Wiesenschaumkraut, und in einer Ecke zeigt die Spiralbinse ihre bizarren Halme. Purpur-Günsel, Kriechmäulchen und Wassersellerie sorgen zwischen den anderen Pflanzen für einen geschlossenen Bewuchs und spinnen ihre Ausläufer bis ins Wasser.

Artenliste zum Pflanzplan

Artname .... Anzahl

① Purpur-Günsel 3
Ajuga reptans 'Atropurpurea'

② Weißbunte Asiatische Sumpf-Schwertlilie 1
Iris laevigata 'Variegata'

③ Rosenprimel 6
Primula rosea

④ Trollblume 3
Trollius-Hybride 'Frühlingsbote'

⑤ Wassersellerie 9
Apium repens

⑥ Spiralbinse 1
Juncus effusus 'Spiralis'

⑦ Sumpfdotterblume 2
Caltha palustris 'Goldschale'

⑧ Pfennigkraut 12
Lysimachia nummularia 'Aurea'

⑨ Asiatische Sumpf-Schwertlilie 1
Iris laevigata 'Dorothee'

⑩ Gelbe Streifsegge 3
Carex elata 'Bowles Golden'

⑪ Blutweiderich 1
Lythrum salicaria

⑫ Japan-Etagenprimel 7
Primula japonica 'Miller's Crimson'

⑬ Kriechmäulchen 12
Mazus reptans

⑭ Weiße Asiatische Sumpf-Schwertlilie 1
Iris laevigata 'Alba'

⑮ Ballprimel 5
Primula denticulata

⑯ Sumpf-Wolfsmilch 1
Euphorbia palustris

⑰ Rutenweiderich 1
Lythrum virgatum 'Dropmore Purple'

⑱ Niederliegende Sumpfdotterblume 3
Caltha × thyermannii

⑲ Mädesüß 1
Filipendula ulmaria

⑳ Gelbe Glockenprimel 3
Primula florindae

㉑ Morgenstern-Segge 1
Carex grayi

㉒ Gefülltes Wiesenschaumkraut 5
Cardamine pratensis 'Plena'

Eine Folienfalte (Längsschnitt, linke Grafik) und die Kapillarsperre (Querschnitt, rechte Grafik) verhindern, dass der Bachlauf bei abgeschalteter Pumpe leer läuft.

Pflanz- und Pflegepraxis

Richtig geplant und angelegt, macht ein Gartenteich oder Bachlauf rund ums Jahr viel Freude und wenig Arbeit. Wenn Sie einige einfache Regeln beachten, gedeihen Seerose & Co. bestens und der Algenbefall hält sich in Grenzen.

Wasser für den Gartenteich

Damit Pflanzen sich wohl fühlen und optimal gedeihen, müssen die Lebensbedingungen passen. Bei Wasserpflanzen sind dies naturgemäß zwei Dinge: das Wasser und das Substrat.

Welches Wasser ist geeignet?

Wasser ist nicht gleich Wasser. Wir sprechen von hartem oder weichem Wasser, von Regen-, Brunnen-, Grund- oder Leitungswasser und stellen uns die Frage: Welches Wasser ist für unseren Gartenteich am besten geeignet? Welche Ansprüche an das Wasser stellen die Pflanzen und Tiere in unserem Gartenteich?

◀ Pflanzkörbe aus geflochtenen Kokosfasern erlauben es den Pflanzen, sich mit ihren Trieben und Wurzeln frei zu entfalten.

Wasser ist nicht nur ein Lösungsmittel für Salze, sondern es lösen sich im Wasser auch die für Tiere und Pflanzen wichtigen Gase. So werden Kohlendioxid und Sauerstoff einmal über die Berührungsschicht zwischen Wasser und Luft aufgenommen. Bei Wasserbewegungen wie Springbrunnen, plätschernden Wasserfällen oder auch Luftsprudlern werden kleine Luftbläschen erzeugt, durch deren Oberfläche weitere Gase ins Wasser übertreten können. Auch die Lebewesen im Wasser reichern es mit Gasen an. So nehmen Tiere wie Fische und Kleintiere Sauerstoff aus dem Wasser auf und geben im Austausch dafür Kohlensäuregas an das Wasser ab. Die Pflanzen des Teiches machen es umgekehrt, indem sie Kohlensäuregas aufnehmen und Sauerstoff ausscheiden. Es kann vorkommen, dass an sonnigen Tagen von einigen Unterwasserpflanzen so viel Sauerstoff ausgeschieden wird, dass er sich nicht mehr im Wasser lösen kann und in kleinen Perlen aufsteigt.

Wasserhärte

Ein weiterer Faktor der Wasserqualität ist die Carbonathärte des Wassers. Hartes Wasser kann die Entwicklung der Pflan-

Mit einem Eimer an der tiefsten Stelle des Teiches wird das einlaufende Wasser gebremst und verhindert, dass sich der Bodengrund aufwirbelt.

Solche Regenwasser-Ableitungen füllen Auffangbecken nur bis zur Oberkante des waagerecht eingeführten Rohres.

Wenn Sie nur Leitungswasser verwenden können, lassen Sie sich von Ihrem Wasserversorger eine Wasseranalyse geben. Liegt der pH-Wert bei 7,5 oder darunter und die Wasserhärte übersteigt nicht 10 bis 12° deutscher Härte, sollten Sie keine Probleme haben. Werden diese Werte übertroffen, finden Sie weitere Tipps in dem Abschnitt Pflege (siehe Seite 86 ff).

zen fördern oder behindern. Es verringert den Kohlendioxidgehalt. Einige Arten wie zum Beispiel die unbeliebten Fadenalgen wachsen in hartem Wasser besonders gut, denn sie können die Carbonate aufschließen und die darin enthaltene Kohlensäure aufnehmen.
Ein gewisser Anhaltspunkt zur Wasserhärte ergibt sich aus dem pH-Wert: Liegt er unter 7, haben wir ein leicht saures Wasser. Bei pH 7,5 sind wir im neutralen und darüber im basischen Bereich. Der optimale pH-Wert für den Gartenteich bewegt sich zwischen pH 6 und pH 7,5. Den pH-Wert kann man mit Teststreifen selbst feststellen. Entsprechende Sets sind in den Aquarienabteilungen des Zoofachhandels erhältlich. Bei vorschriftsmäßiger Anwendung ergeben sich recht genaue Ergebnisse.

Nährstoffangebot

Das Wasser löst auch viele Nährsalze, welche die Pflanzen zu ihrer Entwicklung brauchen. Je höher der Gehalt an Nährsalzen wie Stickstoff, Phosphor oder Kali im Wasser ist, desto besser werden sich Schwebealgen und Nährstoffe anzeigende Pflanzen entwickeln. Je geringer der Nährstoffgehalt ist, desto klarer bleibt das Wasser.

Regenwasser ist am besten

Die Frage, welches Wasser für den Gartenteich geeignet ist, kann aus dem oben Gesagten abgeleitet werden. In Gegenden mit hartem Leitungswasser empfiehlt sich die Verwendung von Regenwasser. Es liegt meistens im neutralen bis leicht sauren Bereich und ist außerdem sehr nährstoffarm. Da Brunnen-, Bach- und Quellwasser in ländlichen Gegenden oft sehr nährstoffreich und in vielen Gegenden Deutschlands auch mehr oder weniger basisch ist, empfiehlt sich auch hier die Verwendung von Regenwasser, das man entweder direkt in den Teich einleitet oder in einer Zisterne sammelt und bei Bedarf dem Teich zuführt. In Gegenden mit einer sehr starken Abgas- oder Rauchgasbelastung ist gut, wenn der erste Regen, der den Belag des Daches abspült, noch in die Kanalisation abgeführt werden kann, bevor man das Wasser in den Teich leitet.

Wasserbewegung

Mancher Besitzer eines Gartenteiches wünscht sich als Höhepunkt noch bewegtes Wasser in Form eines Sprudelsteins, einer kleinen Fontäne oder eines plätschernden Bachlaufes.

Sprudelsteine wirken mit ihrem Geplätscher entspannend und sind für Kinder durch ihre Wasserbewegung faszinierend.

Bei plätschernder Wasserbewegung muss der Abstand zu Schwimmblattpflanzen, besonders Seerosen, so groß sein, dass Wellenbewegung und Tropfenfall deren Blätter nicht ständig benetzen. Erfolgt die Wasserbewegung nur sporadisch und nur wenige Stunden am Tag, gibt es keine Probleme.

Staustufen im Bachlauf halten auch bei ausgeschalteter Pumpe ihr Wasser und lassen die Pflanzen nicht vertrocknen.

Sprudelsteine lassen sich überall am Ufer oder mit einem entsprechenden Unterbau im Wasser aufstellen und werden mit einer Unterwasserpumpe versorgt. Man kann aber auch nur eine Pumpe mit einem Schaumsprudler versteckt unter ein paar großen Steinen auf den Teichboden stellen.

Einfache **Bachläufe** dienen nur der Wasserbewegung. Es werden auf einer Folie nur einige Steine und Platten so verlegt, dass darüber das Wasser plätschernd abläuft. Wird die Pumpe abgeschaltet, ist ein solches Bachbett in wenigen Minuten trocken. Soll ein Bachlauf naturhaft mit Pflanzen bewachsen sein, muss er als breite Wanne mit wechselnden Uferbreiten und Pflanzflächen angelegt sein, die mit Steinen eingefasst werden. Da diese Pflanzflächen aber nicht gleich austrocknen dürfen, wenn die Pumpe ausgeschaltet wird, muss dafür gesorgt sein, dass immer Wasser im Bachbett stehen bleibt. Durch Unterteilung des Bachbetts in einzelne Staustufen mit einem kleinen Wasserfall als Überlauf bekommen wir plätscherndes Wasser auf der einen Seite und stehendes Wasser auf der anderen Seite der Sperre. Diese Sperre wird aus einer aufgestellten Falte der Folie des Bachbettes gebildet, die innen und außen mit Steinen fixiert wird. Über diese Sperre kann dann das Wasser in die nächste Staustufe oder in den Gartenteich fließen.

Pflanzen-Kläranlagen helfen immer dann, wenn mehr Nährstoffe im Teich gebildet werden, als die Pflanzen abbauen können, z. B. durch Fische.

Pflanzen-Kläranlage

Die Wasserbewegung durch eine Pumpe wird auch gerne zur Wasserklärung genutzt. Dies lässt sich gut mit einer kleinen Pflanzen-Kläranlage realisieren. In Verbindung mit einem Bachlauf, einem Sprudelstein, einer Quelle oder einem Teil der Uferzone wird sie unauffällig in die Gestaltung der Anlage eingegliedert. Eine solche Anlage für einen kleinen bis mittleren Gartenteich besteht aus einer etwa 1,5 x 3–4 m großen, 40 cm tiefen Wanne mit einem Einlauf wie einem Sprudelstein oder einer kleinen Fontäne an dem einen Ende. Diese Wanne wird mit Kies oder Splitt der Korngröße 8–16 mm bis zum Rand gefüllt. Der Ablauf am anderen Ende der Wanne muss 3 cm tiefer als die Kiesschüttung liegen, damit das Wasser gezwungen wird, zwischen den Kieseln zu fließen und nicht oben drüber.
Die Wirkungsweise ist so zu erklären, dass sich an den Kieseln sehr schnell Bakterien ansiedeln, die die Trübstoffe in dem langsam fließenden Wasser ab- und in Nährsalze umbauen. Damit diese nicht wieder in das Teichwasser gelangen, benötigen wir Pflanzen, die einen hohen Nährstoffbedarf haben. Als wichtigste wären hier Schilf *(Phragmites australis)*, die stark wuchernde Sumpfsimse *(Eleocharis palustris)* und die Sumpf-Schwertlilie *(Iris palustris)* zu nennen. Die anfallende Blattmasse wird gelegentlich gemäht und kompostiert oder entsorgt, damit sie nicht durch Verrotten die Nährstoffe zurück in den Teich bringt. Die Größe eines Klärbeetes richtet sich nach der durchgeleiteten Wassermenge und der Belastung des Teichwassers. Eigentlich kann das Klärbeet nicht zu groß werden. Bei zu kleinen Anlagen hat man zwar am Anfang eine gute Klärwirkung, weil die Zwischenräume sich mit den Trübstoffen füllen. Wenn aber

Pflanzen-Kläranlagen arbeiten nur einwandfrei, wenn sie ständig in Betrieb sind. Die Bakterien sind auf ständig fließendes Wasser angewiesen. Schon nach einem halben Tag Stillstand der Pumpe sterben die Bakterien ab. Fließt das Wasser dann wieder, werden die abgestorbenen Bakterien als eine stinkende Brühe in den Teich gespült, und es dauert längere Zeit, bis das Teichwasser wieder in Ordnung kommt und sich die Bakterien regeneriert haben.

Fertige Klein-Klärbecken aus dem Handel eignen sich vorwiegend für Fertigteiche.

die Oberflächen der Kiesel zu klein und die Zahl der aufnehmenden Pflanzen zu gering ist, um alles abzubauen, ist die Anlage überlastet, und das Wasser wird wieder trüb.

Teichsubstrate

Als die ersten Folienteiche angelegt wurden, hatte man noch keine Erfahrungen mit Teichsubstraten, die in die Pflanzufer einzubringen waren. Es gab die verschiedensten Mischungen mit hohen Torfanteilen, mit Lehm oder Rasenerde und mit und ohne Sand. Diesen Mischungen wurde noch mineralischer oder organischer Dünger oder gar Pferdemist zugesetzt. Das Resultat lässt sich denken: Die reichlichen Nährstoffe wanderten schnell in das Teichwasser, und schon sehr bald erfolgten die entsprechenden Eintrübungen durch das Wachstum von Fadenalgen und Schwebealgen! Substrate haben also einen starken Einfluss auf die Wasserqualität. Am besten verwenden wir als Pflanzsubstrat einen kalkfreien Betonkies der Körnung 0–16 mm oder Splitt der Körnung 4–6–8 mm ohne weitere Zusätze. Die Sorge, der Splitt könne die Folie beschädigen, ist so lange unbegründet, wie unter der Folie keine Steine, sondern Sand oder Vlies liegen. Zugesetzter Torf oder andere organische Zusätze bilden im Wasser unter Luftabschluss pflanzenschädliches Methangas. Deshalb sollte man sie möglichst in Teichsubstraten vermeiden.

Fertigsubstrate

Im Handel wird fertig gemischte »Wasserpflanzenerde« angeboten. Sie hat oft einen hohen Torfanteil, und deswegen besteht die Gefahr der Methanbildung. Fachleute empfehlen, durch die Zugabe der doppelten Menge Quarzsand diese Erde auf das Dreifache zu strecken, was die Durchlässigkeit erhöht. Außerdem muss diese Mischung nach dem Einbringen noch mit einer 8–10 cm starken Schicht Splitt oder Kies abgedeckt werden, damit der Torfanteil beim Einlassen des Wassers nicht zur Wasseroberfläche aufschwimmt. Wer im mittleren und höheren Ufer stark zehrende Pflanzen setzen will, sollte in den Untergrund der Uferzone auf jeden Fall noch Gartenerde einbringen, die mit Sand abgemagert wird. Um das Auswandern von Nährsalzen zu bremsen, wird dieses Gemisch mit einer etwa 5 cm dicken Filterschicht aus Sand abgedeckt. Darauf kommen dann noch die üblichen 10 cm Splitt oder Kies.

Auch die Steine und Felsen, die wir im Uferbereich zur Dekoration, als Sprudelstein oder zur Uferbefestigung verwenden, sollten möglichst kalkfrei sein. Basalt, Diabas, Lava, Porphyr, Granit oder Quarzit eignen sich sehr gut zur Teichgestaltung und als Kies oder Splitt zum Ufersubstrat.

Nährstoffversorgung

Um die Nährstoffversorgung der in den reinen Splitt gepflanzten Stauden braucht man sich normalerweise keine Sorgen zu machen. Zum Einwachsen genügt noch der Düngervorrat, der im Containerballen vorhanden ist. Die weitere Versorgung erfolgt über das Teichwasser, in welchem sich Laub und Staub sowie kleine, ständig absterbende Tiere und Pflanzen zersetzen und damit Nährstoffe freigeben. Auch Tierausscheidungen führen ständig neue Nährstoffe zu.
Da Teichwasser das Bestreben hat, überall die gleiche Konzentration von Nährstoffen zu erhalten, wandern die Nährstoffe dorthin, wo von den Pflanzen welche aufgenommen wurden.

Auch den schwächer wachsenden Laxmanns Rohrkolben sollte man bei kleinen Teichen in einen Kübel pflanzen.

Bei allen Schilf-Arten der Gattung *Phragmites* müssen Boden und Wände des Kübels absolut ohne Löcher bleiben. Schilf hat nämlich die Eigenschaft, mit seinen Trieben bis zu 1 m in die Tiefe zu wachsen, und wenn das Gefäß ein Loch hat, findet es das Schilf garantiert und kann dann den ganzen Teich überwuchern.

Wie pflanze ich richtig?

Im Wassergarten gibt es zwei grundlegend verschiedene Methoden der Pflanzung: Nicht oder nur schwach wuchernde Arten kann man im Ufersubstrat auspflanzen. Für alle anderen empfiehlt sich die Pflanzung in Kübel, Körbe oder Ähnliches.

Pflanzung in Gefäße

Bei einer Pflanzung in Gefäße unterscheiden wir offene und geschlossene Gefäße.

Geschlossene Gefäße

Dies sind Rundbecken in verschiedenen Größen, Mörtelkübel oder große und kleine Eimer. Sie brauchen wir für alle wuchernden Pflanzen, die durch ihren Ausbreitungsdrang schnell lästig werden oder gar den ganzen Teich überwachsen würden. Da aber praktisch alle diese Pflanzen in der obersten Bodenschicht ihre Ausläufer treiben, können die Gefäße seitlich am Boden und im Boden mit Löchern versehen werden, soweit sie nicht schon welche haben. Diese Löcher fördern zum einen einen schwachen Wasseraustausch, zum anderen erlauben sie den Pflanzen, mit ihren Wurzeln ins Wasser und auf den Teichboden zu wachsen und sich dort wenigstens geringfügig mit Nährstoffen zu versorgen.

Da geschlossene Gefäße kaum Nährstoffaustausch mit dem umgebenden Wasser zulassen, müssen die darin stehenden Pflanzen immer ausreichend mit Nährstoffen versorgt werden. Schon zur Pflanzung verwenden wir ein nährstoffreicheres Substrat aus leicht gedüngter Gartenerde oder Lehm, welches bis etwa 5 cm unter den Rand reicht und dann mit einer Filterschicht aus Sand abgedeckt wird. Die Stauden in diesen Gefäßen müssen regelmäßig im Frühjahr mit einem Fünf-Monate-Dauerdüngerkegel gedüngt werden. Nach drei bis vier Jahren sind die Kübel schon so stark durchwurzelt, dass sie herausgenommen, geteilt und wieder neu eingepflanzt werden müssen.

»Offene Gefäße«

Gefäße mit perforierten Wänden wie Wasserpflanzenkörbe eignen sich für viele Ufer- und Wasserpflanzen, die man nicht auspflanzen kann oder will. Diese durchlässigen Wände ermöglichen es allen Pflanzen, mit den Wurzeln ins Wasser zu wachsen und dort Nährstoffe aufzuneh-

men. Als Behälter für die robusten Wachser eignen sie sich jedoch nicht, da deren Triebe wie die Wurzeln durch die Perforierung wachsen.
Damit beim Bepflanzen dieser Körbe möglichst wenig Substrat in das Teichwasser ausgeschwemmt wird, legt man in den Korb ein dünnes Vlies oder ein Zeitungsblatt, bevor man das Substrat einbringt, und oben deckt man das Substrat mit einer Sandschicht ab.

Vor- und Nachteile der Gefäßpflanzung
Gefäßpflanzung mit perforierten Körben hat ihre Berechtigung in kleinen Gartenteichen und Fertigbecken, auf deren Pflanzstufen man kein Pflanzsubstrat aufbringen kann, wo aber Gefäße aufgestellt werden können. Geschlossene Behälter für die Wucherer benötigt man auch im Folienteich mit richtigen Uferzonen. Man stellt sie entweder auf den Teichboden *(Phragmites, Schoenoplectus)* oder in den tieferen Bereich der Uferzone *(Glyceria, Hippuris)*. Im Gegensatz dazu steht das Auspflanzen der Stauden. Nur ausgepflanzt können sie sich naturgemäß entwickeln, ausbreiten und sich mit Nährstoffen versorgen und lange Zeit ungestört stehen.

Die beste Pflanzzeit

Die Pflanzzeit für Wasserpflanzen beginnt Ende April und endet Ende August. Ab September schließen die ersten Uferpflanzen schon mit dem Wachstum ab, das bedeutet, dass sie nicht mehr richtig einwurzeln. Andere Arten bilden schon die Winterknospen aus, und wir könnten Pflanzen bekommen, die keine Winterknospen haben und schon im nächsten Jahr im Teich fehlen.

Viereckige Gitterkörbe verwenden wir für Pflanzungen in Fertigteichen, für Seerosen sind sie weniger geeignet.

Zum einfachen und nachträglichen Einsetzen von Seerosen eignen sich Kokoskörbe in der Größe 40 x 40 cm besonders gut.

Seerosen-Pflanzung

Die Pflanzung von Seerosen ist ein besonderes Kapitel. Die im Handel angebotenen »Seerosenkörbe«, rund mit 25 cm Durchmesser oder viereckig mit 30 cm Kantenlänge, sind für die meisten Seerosen zu klein und nur für Zwergseerosen geeignet. Alle schwach wachsenden Sorten für den Gartenteich benötigen mehr Wurzelraum. Sie werden sonst schon sehr bald aus dem Korb herauswachsen und mit den Wurzeln über die Folie am Teichboden wandern. Dabei passiert es dann immer wieder, dass die Seerose mitsamt dem Korb nach zwei bis drei Jahren durch den Luftgehalt ihrer Wurzeln an die Wasseroberfläche gehoben wird. Das sieht nicht nur hässlich aus, auch die Seerose leidet darunter. Dann hilft alles nichts: Sie muss herausgenommen, geteilt und wieder neu in ein größeres Gefäß gepflanzt werden.

Gefäß oder Auspflanzen?

Wenn schon ein Gefäß für Seerosen, sollte es mindestens 30–40 Liter Inhalt haben, oder ein Mörtelkübel mit 60–90 Liter Inhalt sein. Da hinein wird die Seerose in Gartenerde oder leicht gedüngten Lehm so tief gepflanzt, dass ihr Trieb mit der Oberkante des Kübels abschließt. Das Pflanzsubstrat darf jedoch nicht bis zum Rand reichen, sondern muss mindestens 5 cm darunter enden, damit es noch mit einer entsprechend starken Schicht kalkfreien Sandes abgedeckt werden kann.
Die bessere Lösung für die Seerosen ist aber das **Auspflanzen auf dem Teichboden.** Das ist aber nur möglich, wenn noch kein Wasser im Teich ist. Um die Seerose zu pflanzen, wird zuerst ein flacher, 15 cm hoher, flach auslaufender Hügel aus Gartenerde auf den Teichboden geschüttet. Auf den Hügel setzt man die ausgetopfte Seerose so tief, dass sich ihr Trieb mit Knospe etwa 10 cm über dem Hügel befindet. Dann wird der Hügel 10 cm hoch mit kalkfreiem Kies oder Splitt abgedeckt, sodass die Pflanze seitlich voll eingebunden ist. Auch den Kies oder Splitt lässt man flach auslaufen. Dadurch hat die Seerose einen großen Wurzelraum, und es ist genügend Gewicht da, um sie am Aufschwimmen zu hindern. Nach dem Pflanzen müssen wir sofort so viel Wasser einlassen, dass die Seerose mindestens bedeckt ist, am besten gleich bis zur Unterkante der Uferzone. Dabei schadet es gar nichts, wenn so

viel Wasser eingefüllt wird, dass die Seerosenblätter unter Wasser kommen. Seerosen schieben schon nach wenigen Tagen ihre Blätter an die Wasseroberfläche. Junge Blätter strecken ihre Stiele bis zu 20 cm pro Tag.

Nachträgliches Einsetzen

Nun kommt es aber immer wieder vor, dass eine Seerose nachträglich in den Teich gesetzt werden soll. Auch da gibt es Möglichkeiten, ohne dass alles Wasser abgepumpt werden muss. Im guten Fachhandel sind Kokoskörbe erhältlich, die 30–40 Liter Substrat fassen und nach dem Bepflanzen einfach in den Teich abgesenkt werden. Natürlich kommt auch der Mörtelkübel in Betracht, der aber eine regelmäßige Nachdüngung verlangt, wenn man eine reichliche Blüte haben will.

Die Ufergestaltung

Beim Planen und Pflanzen am und im Teich ist zu bedenken, dass man den Gartenteich in Ruhe und Bequemlichkeit genießen möchte. Vom Sitzplatz aus will man die Seerose sehen, das Wasser und dahinter das bepflanzte Ufer. Um sich die Sicht auf das Wasser und die Seerosen nicht zu verbauen, darf man in das Ufer, vor dem der Betrachter sitzt, nur wenige und niedrige Pflanzen setzen. Geeignet sind etwa Tannenwedel *(Hippuris vulgaris)*, Wassersellerie *(Apium repens)*, Spiralbinsen *(Juncus effusus* 'Spiralis', *J. conglomeratus* 'Spiralis'), und die Niederliegende Sumpfdotterblume *(Caltha × thyermannii)*.
Das so genannte Pflanzufer legen wir vom Sitzplatz aus gesehen immer hinter der Wasserfläche an. Es kann auch an einer Seite des Teiches bis nahe an das Betrachterufer herangezogen werden. So macht es sich sehr gut, wenn die Wasserfläche nicht nur vom Sitzplatz, sondern auch von einer Gartenseite oder einem öfter genutzten Weg eingesehen werden kann.
Bei der Anlage achten wir darauf, dass man in die Uferpflanzung hineinsehen kann, dass also die niedrigeren Stauden näher am Wasserrand stehen als die höheren. Ferner sollte man bedenken, dass bei den Abständen zwischen den Pflanzen großzügig kalkuliert werden muss. Was hilft es, wenn die Pflanzen dicht gepflanzt wurden und sich schon nach dem ersten Sommer so bedrängen, dass keine sich richtig entwickeln kann. Bedenken Sie: Alle Pflanzen werden deutlich größer, als wir sie im Container kaufen. Ein paar verträgliche, jederzeit zu verdrängende Füller zwischen die einzeln oder in kleinen Gruppen stehenden Pflanzen gestreut, schließen anfangs störende Lücken.

Vom gestalterischen Gesichtspunkt aus ist der **beste Platz für die Seerose** immer seitlich im Vordergrund. Nur dort haben wir den vollen Blick auf die Blüten und können bei einigen Sorten auch den Duft genießen. Eine in die Teichmitte gepflanzte Seerose würde zudem den Gartenteich optisch verkleinern und die Geschlossenheit und Größe der Wasserfläche unterbrechen.

Tannenwedel wächst zwischen den Steinen am Betrachterufer. Am oberen Rand ist die Kapillarsperre sichtbar.

Der Pflanzabstand

Die Pflanzabstände in einer Gruppe sollten etwa zwei Drittel der Höhe der Pflanzen betragen, bei Einzelpflanzen oder Solitären sollten es wenigstens drei Viertel ihrer Höhe sein. Dabei ist ein Mindestabstand von 25 cm einzuhalten.
Bei **Unterwasser-** und **Schwimmblattpflanzen** dürfen die Abstände ruhig 1 m oder mehr betragen.
Vor dem Pflanzen werden erst alle Stauden in den richtigen Abständen auf dem Ufer verteilt. Erst wenn alle richtig liegen und die hohen Pflanzen mehr im Hintergrund oder im seitlichen Bereich angeordnet sind, wird mit dem eigentlichen Pflanzen begonnen.

Es lässt sich besser pflanzen, wenn das Wasser noch nicht die Uferzone erreicht hat. Unterwasserpflanzen, die noch nicht im Wasser stehen, müssen wir mit einem nassen Tuch oder einer nassen Zeitung zudecken, bis der Teich geflutet wird. Bitte keine Folie zum Abdecken nehmen, denn darunter heizt sich die Luft bei den ersten Sonnenstrahlen in kürzester Zeit so stark auf, dass alles Grün verbrennt und wie gekocht aussieht!

Umgang mit Algen

Wenn man auch vom Wassergarten sagt, er sei ein Garten für den bequemen Gärtner, so benötigt doch auch er eine gewisse Pflege. Die wichtigsten Arbeiten finden Sie im Kapitel »Teichpflege im Jahreslauf« ab Seite 88.
Im Wasser selbst machen dem Teichgärtner vorwiegend Algen zu schaffen.

Schwebealgen

Es gibt eine wichtige Grundregel, die zu beachten ist: Trübes Wasser lässt sich nicht durch einen Wasserwechsel beheben. Auch das frische Wasser wird wieder trüb, denn es ist ganz natürlich, dass frisch eingefülltes Leitungswasser zur Bildung von Schwebealgen neigt. Diese Algen sind kaum sichtbar, aber in ihrer Masse färben sie das Wasser grün. Sie nutzen die freien Nährstoffe im Leitungs-, Brunnen- oder Quellwasser und entwickeln sich sehr schnell. Klares Wasser kann an einem wärmeren Tag innerhalb von 24 Stunden so trüb werden, dass man nur noch 10–15 cm tief sehen kann. Diese Trübung kann, muss aber nicht über ein ganzes Jahr andauern. Bei manchen Teichen müssen zwei Winter vergehen, ehe sie einigermaßen klar werden. Andere werden schon nach einer Woche wieder klar. Die Voraussetzung dafür ist, dass sich das ökologische Gleichgewicht eingestellt hat, das heißt, dass Nährstoffgehalt, pH-Wert, Pflanzenbestand etc. im Gleichgewicht sind. Zu diesem Gleichgewicht gehören auch Wasserflöhe und Hüpferlinge. Wenn sie einmal im Teich sind, werden sie sich wegen des großen Futterangebots an Schwebealgen entsprechend gut vermehren.
Manchem Teichbesitzer hat schon das »Impfen« des Wassers geholfen. Man holt sich aus einem älteren Teich mit klarem Wasser, in dem Hüpferlinge und Wasserflöhe schwimmen, einen Eimer von diesem Wasser und gießt ihn in den eigenen Teich. Nährstoffe reduziert man auch durch reichliche Bepflanzung, Entfernen jeglicher abgestorbener Pflanzenreste und Zufuhr von nährstoffarmem Regenwasser. Manchmal wird die hohe Schwebealgendichte durch einen zu großen Fischbesatz verursacht. Pflanzen und Bakterien können die Ausscheidungen der Fische nicht so vollständig und schnell verarbeiten, wie sie anfallen. Hier kann oftmals ein ausreichend dimensioniertes Klärbeet Abhilfe schaffen. Zum Thema Fische soll

die Äußerung eines Limnologen bei einer botanischen Führung zitiert werden, der sagte: »Mit 15 Gramm Fisch je Kubikmeter Wasser haben wir das richtige Verhältnis zwischen Fisch und Wasser!« So genau müssen wir es nicht nehmen, aber viele grüne Teiche bei uns sind mit dem Hundertfachen belastet!

Die hässlichen Faden- und Wattealgen bilden sich nur bei gesundem, jedoch nährstoffreichem und hartem Wasser, lassen sich aber durch entsprechende Maßnahmen reduzieren.

»Algenblüte«

Unter bestimmten Licht- und Temperaturverhältnissen sowie bei entsprechender Zusammensetzung des Wassers können sich Braun- oder Rotalgen, die so genannte Algenblüte, entwickeln, die den Teich trüben. Meist ist sie nach einigen Tagen, wenn sich die Umfeldbedingungen ändern und sich Wasserflöhe und Hüpferlinge wegen des großen Futterangebots entsprechend vermehrt haben, ebenso schnell wieder verschwunden wie sie auftauchte.

Fadenalgen

Den größten Ärger im Gartenteich bereiten die Fadenalgen, die in großen Wolken im Wasser schweben oder an Pflanzen und auf Steinen sitzen und bei starker Sonneneinstrahlung an die Wasseroberfläche steigen und Sauerstoffblasen bilden. Wie schon beim Thema Wasser angedeutet, benötigen sie ein bestimmtes Umfeld, um gut zu gedeihen. Hohe Konzentration von Nährsalzen, verbunden mit einem hohen pH-Wert über 7,5 und einer hohen Wasserhärte um die 20° deutscher Härte sind die Voraussetzungen zu einer üppigen Entwicklung.

Um Fadenalgen zu bekämpfen, müssen wir diese genannten Bedingungen ändern. Das beste und billigste Mittel ist die **Einleitung von Regenwasser.** Im Handel gibt es Zwischenstücke für den Dachrinnenablauf, die das Regenwasser ableiten. Es wird in einem Behälter gesammelt und von dort mit einer durch einen Schwimmschalter gesteuerten Pumpe in den Teich gepumpt, sobald es regnet. Wichtig ist dabei freilich, dass der Gartenteich einen Überlauf hat, der das überschüssige Teichwasser in den Garten oder den Regenwasserkanal abführt. Auf diese Weise wird das Wasser verdünnt, bis die Bedingungen für die Fadenalgen ungünstig werden. Günstig ist es, wenn der Behälter etwas größer ist und man die Pumpe so hoch hängt, dass sie erst pumpt, wenn der Behälter kurz vor dem Überlaufen ist. Dann kann man das

Das Abfischen der Algen entzieht dem Wasser Nährstoffe. Wegen Beschädigungsgefahr der Folie aber nicht mit einem spitzen Metallrechen!

restliche Wasser zum späteren Auffüllen des Teiches verwenden, wenn Wasser verdunstet ist. So vermeidet man die Zufuhr von Leitungswasser, das oftmals mit Nährstoffen belastet ist oder einen hohen pH-Wert aufweist.
Auch das **Abfischen der Algen** ist wichtig, denn mit jedem Bündel Algen, das man entfernt hat, hat man auch eine Menge Nährstoffe aus dem Wasser genommen.
Eine andere Methode, die nicht Standard ist, aber von mir schon angewendet wurde, ist das **Ausbringen von Wasserfarn oder Feenmoos** *(Azolla caroliniana)*. Diese Pflanze liebt nährstoffreiches Wasser und kann sich auf dem ganzen Gartenteich wie ein Teppich ausbreiten, sodass nur noch die Seerosenblätter und die Blätter der Schwimmblattpflanzen zu sehen sind. Dadurch wird dem Wasser eine sehr große Menge an Nährstoffen entzogen. Durch die abgedeckte Wasseroberfläche dringt nur noch wenig Licht ein, zu wenig für die Fadenalgen, doch meist noch ausreichend für die Unterwasserpflanzen. Im Winter nach den ersten starken Frösten stirbt dieser nicht ganz winterharte Wasserfarn ab und sinkt auf den Teichboden. Dort könnte man ihn absaugen, was aber nicht nötig ist, denn er zersetzt sich so langsam, dass kaum Nährstoffe frei werden.
Ob sich diese Methode überall anwenden lässt, kann allerdings nicht sicher gesagt werden. Aber eine Hand voll Wasserfarn kostet nicht viel, und so ist es einen Versuch wert.
Schlamm auf dem Teichboden ist eine Ansammlung von Sinkstoffen und hineingewehtem Staub. Solange diese Schicht nicht stärker als 1–2 cm ist, ist sie ausreichend mit Sauerstoff versorgt und kann sich selbst abbauen. Es ist also nicht nötig, ständig Schlamm abzusaugen, es sei denn, der Gartenteich soll zusätzlich als Schwimmteich genutzt werden.

Teichpflege im Jahreslauf

Januar bis März

In den beiden Wintermonaten Januar und Februar herrscht am Gartenteich noch Ruhe. Schlittschuhlaufen sollte unterbleiben, wenn Fische im Teich überwintern. Man sollte auch keine Löcher in das Eis hacken, denn auch dadurch werden die Fische nur beunruhigt. Das Wasser ist um diese Zeit gut mit Sauerstoff versorgt, und die Fische haben bei den tiefen Wassertemperaturen einen sehr stark reduzierten Stoffwechsel.
Im März können wir mit der Arbeit beginnen und entfernen alle abgestorbenen Stängel, Blütentriebe und das abgestorbene Laub, denn es wird sonst durch Zersetzung mineralisiert und bringt unerwünschte zusätzliche Nährstoffe in den Teich. Ist ein Klärbeet vorhanden, wird auch dort alles Blattwerk, ob grün oder braun, zwecks Nährstoffentzug entfernt.

April bis Mai

Ab Mitte April werden zu große und überalterte Stauden herausgenommen, geteilt und neu gepflanzt. Ab Ende des Monats

Große Pflanzen werden im Frühjahr geteilt und neu gepflanzt.

sind die ersten Sumpf- und Wasserpflanzen im Handel. Von jetzt an kann bis Ende August gepflanzt werden. So können Pflanzungen ergänzt oder geändert werden.
Seerosen in geschlossenen Gefäßen düngt man Ende April mit einigen Fünf-Monats-Düngerkegeln, die wir im Samen- oder Gartenfachhandel beziehen. Die Kegel drücken wir tief in das Substrat hinein und versuchen das Loch leicht zu schließen. Damit haben die Seerosen bis zum September eine durchgehende Nährstoffversorgung.
Ab Mitte Mai treiben die ersten Seerosen. Kurz danach treten auch schon die ersten Seerosenschädlinge auf. Wir achten auf den Buchtenfraß des **Seerosenzünzlers.** Die nachtaktive Motte legt ihre Eier auf den Blättern ab. Die schlüpfende Raupe schneidet 1 x 2 cm große Blattteile vom Blattrand und verwebt sie mit der Blattunterseite zu einem trockenen Unterschlupf. Auch werden aus zwei gleich großen versponnenen Blattteilen so genannte »Schiffchen« gebildet, mit denen die Raupen zu neuen Blättern treiben. Befallene Blätter (Unterseiten) und Schiffchen müssen sofort durch Zerquetschen der Raupen oder Entfernen aus dem Wasser unschädlich gemacht werden.
Der braun gefärbte **Seerosenblattkäfer** legt mehrere Eier auf das Seerosenblatt. Die Fraßgänge der geschlüpften Larven sind auf dem Blatt gut zu erkennen. Beim ersten Auftreten müssen alle befallenen Blätter sofort oder spätestens bevor sich die Larven verpuppen entfernt werden.
Blattläuse entfernen wir mit einem scharfen Wasserstrahl. Schneidet man Trollblumen *(Trollius)* und Sumpfdotterblumen *(Caltha)* nach der Blüte zurück, bevor sich der Samen bildet, bringen sie im Spätsommer noch eine zweite Blüte. Bei den Primeln *(Primula)* beginnt auch die Samenreife. Da sie manchmal

Der Seerosenzünzler schneidet seine »Schiffchen« von unten aus dem Blatt. Befallene Blätter und Schiffchen absammeln bzw. abschneiden.

Vom Seerosenblattkäfer mit Larven und Fraßgängen befallene Blätter müssen sofort entfernt werden.

Falls Sie Vogelschutznetze zur Teichabdeckung verwenden, sollten Sie darauf achten, dass sich weder Vögel noch Igel oder andere Kleintiere darin verfangen können. Für Fertigteiche werden auch käufliche Edelstahlgitter angeboten, die allerdings recht teuer sind.

Aufgeplatzte Fruchtstände des Rohrkolbens sollte man rechtzeitig abschneiden, bevor sie sich versamen.

etwas kurzlebiger sind als andere Stauden, lassen wir einen oder zwei Samenstände stehen, um ein paar Sämlinge zu erhalten, die wir oder die sich selbst an freien Stellen wieder ansiedeln. Im Juni werden auch bei anderen Stauden Samen reif. Bei allen Pflanzen, die sich nicht versamen sollen, müssen die Fruchtstände abgeschnitten werden. Verblühte Seerosenblüten und alle abgestorbenen Blätter werden bei Teichen, in denen Algen auftreten, entfernt, denn ihre Zersetzung reichert das Teichwasser mit unerwünschten Nährstoffen an.

Juni bis August

Die Pflegearbeiten der Vormonate werden fortgesetzt. Noch können wir Frühjahrsblüher teilen und umpflanzen. Sie müssen dabei aber im Laub eingekürzt werden. Auch zugekaufte Pflanzen wachsen noch an. Einige Pflanzen bekommen jetzt **Blattkrankheiten:** Zum Beispiel beobachtet man Mehltau bei den Sumpfdotterblumen *(Caltha)* oder Rost bei Froschlöffeln *(Alisma)* und Blutweiderich *(Lythrum)*. Damit sich diese Krankheiten nicht weiter verbreiten, werden die befallenen Pflanzen bis zum Boden abgeschnitten und das erkrankte Material über den Müll entsorgt. Die Pflanzen treiben dann noch einmal gesund aus. Blutweiderich *(Lythrum)* sollte eigentlich immer nach der Blüte zurückgeschnitten werden, damit die reinen Sorten erhalten bleiben.

Nicht vergessen: Abgestorbene Pflanzenteile wie Seerosenblüten und -blätter entfernen. Zu dichte Bestände an Unterwasserpflanzen kann man jetzt reduzieren. Jetzt ist auch die hohe Zeit der vielen Arten der Sumpf-Schwertlilien *(Iris laevigata, I. pseudacorus, I. setosa, I. versicolor)*. Wir entfernen bei allen die dicken Samenkapseln, denn wenn die Samen aufgehen, gibt es eine unübersichtliche Sortenvielfalt.

Ende September werden von nicht sicher winterharten Pflanzen wie der Wasserähre *(Aponogeton)* Samen gesammelt und in einem Eimer mit etwas Boden und Wasser an einem hellen Ort frostfrei überwintert. Man hat dann im Frühjahr Ersatz, falls die alten Pflanzen den Winter nicht überstehen.

September bis Dezember

Wichtig bei sehr nährstoffhaltigem Teichwasser ist das Entfernen aller im Wasser abster-

Größere Mengen Herbstlaub müssen abgefischt oder durch Laubschutznetze aufgefangen werden, denn sie können das Wasser vergiften.

benden Pflanzenteile. Sonst haben wir im Frühjahr wieder mit Algen zu kämpfen. Ebenso muss besonders der kleine Gartenteich mit Vogelschutznetzen o. Ä. vor **Laubfall** geschützt werden. Die Netze fixieren wir außerhalb der Kapillarsperre mit Pflöcken im Boden. Dabei kann das Netz ruhig auf dem Wasser aufliegen. Es sollte aber immer wieder geleert werden, damit es nicht zu schwer wird.
Große Gartenteiche mit großem Wasservolumen und geringem Nährstoffgehalt (Regenwasser) sind durch Laubfall praktisch nicht gefährdet. Sie bauen den Laubeintrag ohne Probleme im Laufe des nächsten Sommers ab.

Pumpen überwintern
Bei Bachläufen mit Staustufen lassen wir Pumpen bis zu einem stärkeren Frost laufen. Dann halten die Stufen das Wasser bis zum Frühjahr. Pumpen können im Wasser bleiben, wenn sie in frostfreier Tiefe stehen. Wir nehmen sie nur gelegentlich an wärmeren Tagen einmal kurz in Betrieb, damit sie sich nicht festsetzen. Wer die Pumpe herausnimmt, sollte sie kurz in klarem Wasser, dem etwas Pril zugesetzt wurde, laufen und dann den Winter über darin stehen lassen.
Nicht so günstig ist es, wenn man die Pumpe bei Frostwetter durchgehend laufen lässt. Dadurch wird das 4 °C warme Wasser vom Teichboden weiter abgekühlt, bis es auch am Boden nur noch 1 oder 0 °C warm ist. Diese Abkühlung kann zum Verlust der Fische und von frostempfindlichen Seerosen führen. Außerdem wird die Eisschicht noch dicker, wodurch sich der Atem- und Schwimmraum der Fische verringert.

auf einen blick

- Nur Wasser mit geringem Kalk- und Nährstoffgehalt wie z.B. Regenwasser bleibt klar und verhindert Algenwachstum.
- Nur kalkfreie und nährstoffarme Substrate halten das Wasser klar und verhindern Fadenalgen.
- Im Teich ausgepflanzte Pflanzen und Seerosen entziehen dem Wasser Nährstoffe. Abgestorbene Pflanzenteile, Laubeintrag und zu viele Fische bringen Nährstoffe ein und sollten vermieden oder reduziert werden.
- Schwebealgen in Grün oder Braun verschwinden, wenn sich das Wasser biologisch eingependelt hat. Ein Wasserwechsel hilft dagegen nicht.

Bezugsquellen und Adressen

Bezugsquellen

Teich- und Wasserpflanzen
Werner Krause
Inh. Heike Fink
Althener Anger 31 b
04451 Leipzig
Tel.: 03 42 91 / 2 22 09
(winterharte Seerosen. Postversand)

Gärtnerei Andreas Ham
Obergangstraße 7
07552 Gera-Langenberg
Tel.: 03 65 / 4 20 20 01
(winterharte Seerosen. Postversand)

Seeburger-Wassergarten
Martina Müller
Schwarzer Weg 5
14624 Dallgow-Döberitz
Tel.: 03 32 01 / 2 10 06
www.seeburger-wassergarten.de
(winterharte Seerosen, Wasserpflege. Postversand)

La vie en rose
Christian Meyer
Mittelstraße 30
15366 Dahlwitz-Hoppegarten
Tel.: 0 33 42 / 30 17 56
www.seerosenfarm.de
(Winterharte und tropische Seerosen, Lotos, Seerosen-Schnitt)

Wasserpflanzenkulturen
Eberhard Schuster
Augustenhof
Kladower Weg 6
19089 Crivitz
Tel.: 0 38 63 / 22 27 05
www.wasserpflanzen-schuster.de
(winterharte Seerosen. Postversand)

Wasserpflanzen
Dettmar Möller
Cuxhavener Straße 577
21149 Hamburg
Tel.: 0 40 / 7 00 53 16
www.wassergarten-moeller.de
(winterharte Seerosen, Lotos-Blumen)

Wasserpflanzen
Tolksdorf & Beckers
Heidkamp 12 a
24326 Kalübbe
Tel.: 0 45 26 / 39 77
(Winterharte Seerosen)

Karl Wachter KG
Rollbarg 17
25482 Appen-Etz
Tel.: 0 41 01 / 6 25 11
www.karlwachter.de
(winterharte Seerosen Stauden, Gräser, Farne. Postversand)

Wasserpflanzengärtnerei Metzler
An den Querteilen 8
27616 Frelsdorf
Tel.: 0 47 49 / 10 20 81
(winterharte Seerosen)

Petrowsky Sumpf- und Wasserpflanzen
Aschauteiche 2
29348 Eschede
Tel.: 0 51 42 / 8 03
www.seerosensorten.de
(winterharte Seerosen, Sumpf- und Wasserpflanzen, Repositions-Pflanzen. Postversand)

Stauden-Junge
Matthias Großmann
Seeangerweg 1
31787 Hameln-Wehrbergen
Tel.: 0 51 51 / 34 70
www.staudenjunge.de
(winterharte Seerosen, Stauden, Gräser, Farne. Postversand)

Lohhof-Stauden Burkhard Früchtenicht
Lohhof 28
31600 Uchte
Tel.: 57 63 / 28 15
www.lohhof-stauden.de
(winterharte Seerosen, Stauden, Gräser, Farne)

Gartencenter Bollerhey
Eichenbergerstraße 19
34233 Fuldatal-Rothwesten
Tel.: 0 56 07 / 77 78
www.bollerhey.de
(winterharte Seerosen, Stauden, Gräser, Hosta)

Jürgen Peter
Hermann-Löns-Weg 121
42697 Solingen
Tel.: 02 12 / 7 85 29
www.wasserpflanzen-peter.de
(winterharte Seerosen)

Gärtnerei Germann
Am Rübsamenwühl 22
67346 Speyer
Tel.: 0 62 32 / 6 30 40
www.gaertnerei-germann.de
(Lotos, tropische und winterharte Seerosen, Stauden, Gräser, Farne)

Seerosen-Epple
Im Schemming 1
71726 Benningen
Tel.: 0 71 44 / 69 51
www.Seerosen-Epple.de
(Lotos, tropische und winterharte Seerosen. Postversand)

Seerosenkulturen
Franz Berthold
Hadrianstraße 55
83413 Fridolfing
Tel.: 0 86 84 / 7 84
www.seerosenkulturen.de
(winterharte Seerosen Lotos. Postversand)

Nymphaion Werner Wallner
Mathias-Wahl-Straße 22
86343 Königsbrunn
Tel.: 0 82 31 / 91 98 72
(winterharte Seerosen Lotos. Postversand)

Staudengärtnerei Augustin
Neunkirchener Str. 15
91090 Effeltrich
Tel.: 0 91 33 / 7 76 60
www.stauden-augustin.de
(winterharte Seerosen, Stauden, Gräser, Farne, Steintröge)

Seerosen-Wachter
Inh. Heinrich Stuber
Hochgart 1
93189 Reichenbach
Tel.: 0 94 64 / 4 34
www.people.freenet.de/seerosen
(winterharte Seerosen)

Seerosen Elly Strobel
Ullitz 6
95183 Trogen
Tel.: 0 92 81 / 4 33 66
(tropische und winterharte Seerosen. Postversand)

Adressen

Gesellschaft der Wassergarten-Freunde
Am Rübsamenwühl 22
67346 Speyer
Tel.: 0 62 32 / 6 30 40
www.wassergarten.de
(Mitglieder in ganz Europa, überwiegend in Deutschland, Österreich und der Schweiz. Wassergarten-Journal mit Lesenswertem rund um den Teich)

Arbeitskreis Wasserpflanzen im Bund deutscher Staudengärtner
Godesberger Allee 142 – 148
53175 Bonn
www.stauden.de

Stichwortverzeichnis

Zahlen mit * verweisen auf Abbildungen

Bildnachweis:

Franke: 88
Hagen: 22l
Maier: 69
Pforr : 16l, 27o, 29l, 29r, 30o, 31, 32, 33u, 35, 49u, 56, 59, 62o
Redeleit: 5, 11, 65, 76, 80o, 80u, 83, 87, 89ol, 91
Reinhard: 2/3, 4o, 4u, 6, 8, 13, 17, 18, 20, 23r, 26, 28, 33o, 34o, 37l, 37r, 38u, 39l, 40, 43o, 43u, 44, 47o, 50, 54u, 57r, 60l, 60r, 61, 62u, 63, 67o, 67u, 68
Schimana: 1, 9, 14, 15, 21o, 21u, 22r, 23l, 24o, 24u, 25u, 27u, 38o, 42r, 45, 47u, 48o, 48u, 51u, 55, 58o, 58o/Einkl., 58u, 64o, 77, 78, 82, 84, 85?, 89or, 89ur
Seidl: 12, 16r, 25o, 30u, 34u, 36o, 36u, 39r, 41o, 41u, 42l, 46, 49o, 49u/Einkl., 51o, 52o, 52u, 53o, 53u, 54o, 57l, 64u, 66, 90
Stein: 7, 79o, 79u

Bibliographische Information der Deutschen Bibliothek

Die Deutsche Bibliothek verzeichnet diese Publikation in der Deutschen Nationalbibliographie; detaillierte bibliographische Daten sind im Internet über http://dnb.ddb.de abrufbar.

BLV Buchverlag GmbH & Co. KG
80797 München

Umschlaggestaltung:
fuchs_design,
Ottobrunn

Umschlagfotos:
Vorderseite: Reinhard
Rückseite: Reinhard

Lektorat: Dr. Thomas Hagen,
Dr. Eva Dempewolf
Herstellung: Hermann Maxant

Layoutkonzept Innenteil:
Studio Schübel, München

Layout: Anton Walter, Gundelfingen
DTP: agentur walter, Gundelfingen

Gedruckt auf chlorfrei gebleichtem Papier

Printed in Germany ·
ISBN 10: 3-8354-0040-1
ISBN 13: 978-3-8354-0040-5

Rund um den Wassergarten

Bärbel Grothe
Wassergärten –
Der Praxis-Ratgeber
Planung und Anlage eines Wassergartens – vom Miniteich über den Bachlauf bis zum Schwimmteich; Gestaltungsmöglichkeiten, Technik, Bepflanzung und Tierleben, Pflege rund ums Jahr, Arbeitskalender.
ISBN 3-405-16834-1

Friedrich Kögel / Harald Gebhardt / Mario Ludwig
Tiere im Gartenteich
Der Gartenteich als Lebensraum: Tiere erkennen und beobachten, fördern und ansiedeln; im Porträt: Fische, Amphibien, Käfer, Libellen und vieles mehr.
ISBN 3-405-16712-4

blv garten plus
Siegfried Stein
Miniteiche und Wasserspiele
Miniteich-Basics von Gefäßen und Technik bis Überwinterung; Pflanzenauswahl und Gestaltungsvorschläge mit Beispielen für Balkon, Terrasse und Garten.
ISBN 3-8354-0037-1

Wolfram Franke
Der Traum vom eigenen Schwimmteich
Natürlicher Badespaß im eigenen Garten: das Praxisbuch für Planung und Ausführung des Schwimmteichs mit allen wichtigen Informationen zu Technik, Bepflanzung und Pflege; Schwimmteich-Beispiele mit Plänen und Kostenaufstellung.
ISBN 3-405-15679-3

Wolfram Franke
Gartenteich-Träume
Faszination Wassergarten: Inspiration in opulenten Bildern; traumhafte Wassergarten-Beispiele bis hin zu Bachlauf und Schwimmteich; Praxis: Anlage, Pflanzenauswahl, Bepflanzung, Technik, Pflege.
ISBN 3-8354-0042-8

blv garten plus
Wolfram Franke
Gartenteiche
Gestaltungsbeispiele für Teiche und Bäche, Tipps und Tricks für die Planung, Anlage Schritt-für-Schritt, Teichpflege, Pflanzen und Tiere im und am Wasser, vom Teich zum Biotop.
ISBN 3-405-15754-4

Im BLV Buchverlag finden Sie Bücher zu den Themen: Garten und Zimmerpflanzen • Natur • Heimtiere • Jagd und Angeln • Pferde und Reiten • Sport und Fitness • Wandern und Alpinismus • Essen und Trinken

Ausführliche Informationen erhalten Sie bei:

BLV Buchverlag GmbH & Co. KG
Postfach 40 02 20 • 80702 München
Telefon 089 / 12705-0 • Fax -543 • www.blv.de